OEUVRES
COMPLETES
D'HELVÉTIUS.

TOME SIXIEME.

A PARIS,

DE L'IMPRIMERIE DE P. DIDOT L'AÎNÉ.

L'AN IIIe DE LA RÉPUBLIQUE.

1795.

OEUVRES
COMPLETES
D'HELVÉTIUS.

TOME SIXIEME.

DE L'ESPRIT.

SUITE DU DISCOURS IV.

Des différents noms donnés à l'Esprit.

CHAPITRE VIII.

De l'esprit juste (1).

Pour porter sur les idées et les opinions différentes des hommes des jugements toujours justes, il faudroit

(1) Dans un sens étendu, l'esprit juste seroit l'esprit universel. Il ne s'agit point de cette sorte d'esprit dans ce chapitre : je prends ici ce mot dans l'acception la plus commune.

être exempt de toutes les passions qui corrompent notre jugement, il faudroit avoir habituellement présentes à la mémoire les idées dont la connoissance nous donneroit celle de toutes les vérités humaines ; pour cet effet il faudroit tout savoir. Personne ne sait tout : on n'a donc l'esprit juste qu'à certains égards.

Dans le genre dramatique, par exemple, l'un est bon juge de l'harmonie des vers, de la propriété, de la force de l'expression, et enfin de toutes les beautés de style; mais il est mauvais juge de la justesse du plan : l'autre au contraire est connoisseur en cette dernière partie; mais il n'est frappé ni de cette justesse, ni de cet à propos, ni de cette force de sentiment d'où dépend la vérité ou la fausseté des caracteres tragiques et le premier mérite des pieces. Je dis le premier mérite, parceque l'utilité réelle, et par conséquent la principale beauté de ce genre, consiste à peindre fidèlement les effets que produisent sur nous les passions fortes.

On n'a donc proprement de justesse d'esprit que dans les genres sur lesquels on a plus ou moins médité.

On ne peut donc, sans confondre le génie et l'esprit étendu et profond avec l'esprit juste, s'empêcher d'avouer que cette derniere sorte d'esprit n'est plus qu'un esprit faux, lorsqu'il s'agit de ces propositions compliquées où la vérité est le résultat d'un grand nombre de combinaisons, où, pour bien voir, il faut voir beaucoup, et où la justesse de l'esprit dépend de son étendue : aussi n'entend-on communément par *esprit juste* que la sorte d'esprit propre à tirer des conséquences justes, et quelquefois neuves, des opinions vraies ou fausses qu'on lui présente.

Conséquemment à cette définition, l'esprit juste contribue peu à l'avancement de l'esprit humain : cependant il mérite quelque estime. Celui qui, partant des principes ou des opinions admises, en tire des conséquences toujours justes, et quelquefois neuves, est un homme rare parmi le commun des hommes. Il est même en général plus estimé des gens médiocres que ne le sera l'esprit supérieur, qui, rappelant trop souvent les hommes à l'examen des principes reçus et les transportant dans des régions inconnues, doit à-la-fois fatiguer leur paresse et blesser leur orgueil.

Au reste, quelque justes que soient les conséquences qu'on tire ou d'un sentiment ou d'un principe, je dis que, loin d'obtenir le nom d'esprit juste, l'on ne sera jamais cité que comme un fou, si ce sentiment ou ce principe paroît ou ridicule ou fou. Un Indien vaporeux s'étoit imaginé que s'il pissoit il submergeroit tout le Bisnagar; en conséquence ce vertueux citoyen, préférant le salut de sa patrie au sien propre, retenoit toujours son urine. Il étoit prêt à périr, lorsqu'un médecin, homme d'esprit, entre tout effrayé dans sa chambre : « Narsingue (1), lui dit-il, est en « feu, ce n'est bientôt qu'un mon-« ceau de cendres ; hâtez-vous de « lâcher votre urine ». A ces mots le bon Indien pisse, raisonne juste, et passe pour fou (2).

Un autre homme, sans doute atta-

(1) Capitale du Bisnagar.
(2) Les esprits justes pouvoient regar-

qué des mêmes vapeurs, comparoit un jour le petit nombre des élus au nombre prodigieux d'hommes que le péché précipite journellement dans l'enfer. « Si l'ambition, l'avarice, la

der l'usage où l'on étoit autrefois de décider de la justice ou de l'injustice d'une cause par la voie des armes comme un usage très bien établi. Il leur paroissoit la conséquence juste de ces deux propositions : *Rien n'arrive que par l'ordre de Dieu, et Dieu ne peut pas permettre l'injustice.* « S'il s'élevoit une dis-
« pute sur la propriété d'un fonds, sur
« l'état d'une personne, si le droit n'étoit
« pas bien clair de part et d'autre, on
« prenoit des champions pour l'éclaircir.
« L'empereur Othon, vers l'an 968, ayant
« consulté les docteurs pour savoir si en
« ligne directe la représentation devoit
« avoir lieu, comme ils étoient de diffé-
« rents avis, on nomma deux braves
« pour décider ce point de droit. L'avan-

« luxure, se disoit-il à lui-même,
« nous portent à tant de crimes, que
« n'en commet-on du moins qui
« soient utiles aux hommes ? Pour-
« quoi ne pas donner la mort aux

« tage étant demeuré à celui qui sou-
« tenoit la représentation, l'empereur
« ordonna qu'elle eût lieu à l'avenir ».
*Mémoires de l'académie des inscrip-
tions et belles-lettres*, tome XV.

Je pourrois citer encore ici, d'après les
*Mémoires de l'académie des inscrip-
tions*, beaucoup d'autres exemples des
différentes épreuves nommées dans ces
temps d'ignorance *jugements de Dieu*.
Je me borne donc à l'épreuve par l'eau
froide, qui se pratiquoit ainsi : « Après
« quelques oraisons prononcées sur le
« patient, on lui lioit la main droite
« avec le pied gauche, et la main gauche
« avec le pied droit, et dans cet état on
« le jetoit à l'eau : s'il surnageoit, on le
« traitoit en criminel ; s'il enfonçoit, il

« enfants avant l'âge du péché ? Par
« ce crime je peuplerois le ciel de
« bienheureux : j'offenserois sans
« doute l'Éternel, je m'exposerois
« à tomber dans l'abyme de l'en-

« étoit déclaré innocent. Sur ce pied-là
« il devoit se trouver peu de coupables,
« parcequ'un homme ne pouvant faire
« aucun mouvement, et son volume
« étant supérieur à un égal volume d'eau,
« il doit nécessairement enfoncer. On
« n'ignoroit pas sans doute un principe
« de statique aussi simple, d'une expé-
« rience si commune; mais la simplicité
« de ces temps-là attendoit toujours un
« miracle, qu'ils ne croyoient pas que le
« ciel pût leur refuser pour leur faire
« connoître la vérité ». *Ibid.* Au lieu de
cette note, dont on ne trouve que le com-
mencement jusqu'à ces mots, *S'il s'élevoit*, etc., dans l'édition originale et
dans le manuscrit de l'auteur, on lisoit:
« Il arriva, dit-on, il y a quelques an-

« fer ; mais enfin je sauverois des
« hommes : je serois le Curtius qui
« se jette dans le gouffre pour le
« salut de Rome ». L'assassinat de
quelques enfants fut la conséquence

« nées, en Prusse, un fait à-peu-près pa-
« reil. Deux hommes fort pieux vivoient
« dans l'amitié la plus intime ; l'un d'eux
« fait ses dévotions, rencontre son ami
« au sortir de l'église ; il lui dit : « Je
« crois, autant qu'un chrétien peut le
« croire, être en état de grace. »—« Quoi !
« lui répond son ami, dans cet instant
« vous ne craindriez donc pas la mort ? »
« —« Je ne pense pas, reprend-il, pou-
« voir jamais être en meilleure disposi-
« tion ». Ce mot échappé, son ami le
« frappe, le tue ; et ce meurtre lui paroît
« la conséquence juste du sentiment d'une
« foi et d'une amitié vive ». Ainsi, dans
presque toutes les religions, la société ne
doit son repos, et le monde sa durée,
qu'à l'inconséquence des esprits.

juste qu'il tira de ce raisonnement.

Si de pareils hommes sont généralement regardés comme fous, ce n'est pas uniquement parcequ'ils appuient leur raisonnement sur des principes faux, mais sur des principes réputés tels. En effet, le théologien chinois qui prouve les neuf incarnations de Wisthnou, et le musulman qui, d'après l'Alcoran, soutient que la terre est portée sur les cornes d'un taureau, se fondent certainement sur des principes aussi ridicules que ceux de mon Indien ; cependant l'un et l'autre seront, chacun en leur pays, cités comme des gens sensés. Pourquoi le seront-ils ? C'est qu'ils soutiennent des opinions qui sont généralement reçues. En fait de vérités religieuses la raison est sans force contre deux grands missionnaires, l'exemple et la crainte. D'ailleurs en tout pays les préjugés des grands sont la loi des petits. Ce Chinois et ce musulman passeront donc pour sages uniquement parcequ'ils sont *fous de la folie commune.* Ce que je dis de la folie je l'applique à la bêtise : celui-là seul est cité comme bête qui n'est pas bête de la bêtise commune.

Certains villageois, dit-on, bâtissent un pont ; ils y gravent cette inscription : *Le présent pont est fait ici.* D'autres voulant retirer un homme d'un puits dans lequel il étoit tombé, ils lui passent au cou un nœud coulant, et le retirent étranglé. Si les bêtises de cette espece doivent toujours exciter le rire, comment, dira-t-on, écouter sérieusement les dogmes des bonzes, des brachmanes et des talapoins ? dogmes aussi absurdes que l'inscription du pont. Comment peut-on, sans rire, voir les rois, les peuples, les ministres, et même les grands hommes, se prosterner quelquefois aux pieds des idoles et montrer pour des fables ridicules la vénération la plus profonde ? Comment, en parcourant les voyages, n'est-on pas étonné d'y voir l'existence des sorciers et des magiciens aussi généralement reconnue que l'existence de Dieu, et passer chez la plupart des nations pour aussi démontrée ? Par quelle raison enfin des absurdités différentes, mais également ridicules, ne feroient-elles pas sur nous la même impression ? C'est qu'on se moque volontiers d'une bêtise dont on se croit exempt, c'est que personne ne répete, d'après le villageois, *le présent pont est fait ici*, et qu'il n'en est pas ainsi lorsqu'il s'agit d'une pieuse absurdité. Personne ne se croyant tout-à-fait à l'abri de l'ignorance qui la produit, on craint de rire de soi sous le nom d'autrui.

Ce n'est donc point en général à l'absurdité d'un raisonnement mais à l'absurdité d'une certaine espece de raisonnement qu'on donne le nom de bêtise. On ne peut donc entendre par ce mot qu'une ignorance peu commune; aussi donne-t-on quelquefois le nom de bête à ceux même auxquels on accorde un grand génie. La science des choses communes est la science des gens médiocres ; et quelquefois l'homme de génie est à cet égard d'une ignorance grossiere. Ardent à s'élancer jusqu'aux premiers principes de l'art ou de la science qu'il cultive, et content d'y saisir quelques unes de ces vérités neuves, premieres et générales, d'où découlent une infinité de vérités secondaires, il néglige toute autre espece de connoissance. Sort-il du sentier lumineux que lui trace le génie ? il tombe dans mille erreurs ; et Newton commente l'*Apocalypse*.

Le génie éclaire quelques uns des arpents de cette nuit immense qui environne les esprits médiocres ; mais il n'éclaire pas tout. Je compare l'homme de génie à la colonne qui marchoit devant les Hébreux, et qui tantôt étoit obscure et tantôt lumineuse. Le grand homme, toujours supérieur en un genre, manque nécessairement d'esprit en beaucoup d'autres ; à moins qu'on n'entende ici par *esprit* l'aptitude à s'instruire, que peut-être on peut regarder comme une connoissance commencée. Le grand homme, par l'habitude de l'application, la méthode d'étudier, et la distinction qu'il est à portée de faire entre une demi-connoissance et une connoissance entiere, a certainement à cet égard un grand avantage sur le commun des hommes. Ces derniers, n'ayant point contracté l'habitude de la méditation et n'ayant rien su profondément, se croient toujours assez instruits lorsqu'ils ont une connoissance superficielle des choses. L'ignorance et la sottise se persuadent aisément qu'elles savent tout : l'une et l'autre sont toujours orgueilleuses. Le grand homme seul peut être modeste.

Si je rétrécis l'empire du génie et montre les bornes dans lesquelles la nature le force à se renfermer, c'est pour faire plus évidemment sentir que l'esprit juste, déja fort inférieur au génie, ne peut, comme on l'imagine, porter des jugements toujours vrais sur les divers objets du raisonnement. Un tel esprit est impossible. Le propre de l'esprit juste est de tirer des conséquences exactes des opinions reçues : or ces opinions sont fausses pour la plupart, et l'esprit juste ne remonte jamais jusqu'à l'examen de ces opinions : l'esprit juste n'est donc le plus souvent que l'art de raisonner méthodiquement faux. Peut-être cette sorte d'esprit suffit pour faire un bon juge ; mais jamais elle ne fait un grand homme. Quiconque en est doué n'excelle ordinairement en aucun genre et ne se rend recommandable par aucun talent. Il obtient, dira-t-on, souvent l'estime des gens médiocres. J'en conviens : mais leur estime, en lui faisant concevoir une trop haute idée de lui-même, devient pour lui une source d'erreurs, erreurs auxquelles il est impossible de l'arracher. Car enfin si le miroir, de tous les conseillers le conseiller le plus poli et le plus discret, n'apprend à personne à quel point il est difforme, qui pourroit désabuser un homme de la trop haute opinion qu'il a conçue de lui-même, sur-tout lorsque cette opinion est appuyée de l'estime de la plupart de ceux qui l'environnent? C'est être encore assez modeste que de ne s'estimer que d'après l'éloge d'autrui. De là cependant cette confiance de l'esprit juste en ses propres lumieres, et ce mépris pour les grands hommes qu'il regarde souvent comme des visionnaires, comme des esprits systématiques et de mauvaises têtes (1). Ô esprits justes! leur diroit-on, lorsque vous traitez de mauvaises têtes ces grands hommes, qui du moins sont si supérieurs dans le genre où le public

(1) Dire d'un homme qu'il a une mauvaise tête, c'est le plus souvent dire, sans le savoir, qu'il a plus d'esprit que nous.

les admire, quelle opinion pensez-vous que le public puisse avoir de vous, dont l'esprit ne s'étend pas au-delà de quelques petites conséquences tirées d'un principe vrai ou faux et dont la découverte est peu importante ? Toujours en extase devant votre petit mérite, vous n'êtes pas, direz-vous, sujets aux erreurs des hommes célebres. Oui, sans doute, parcequ'il faut ou courir ou du moins marcher pour tomber. Lorsque vous vantez entre vous la justesse de votre esprit, il me semble entendre des culs-de-jatte se glorifier de ne point faire de faux pas. Votre conduite, ajouterez-vous, est souvent plus sage que celle des hommes de génie : oui, parceque vous n'avez pas en vous ce principe de vie et de passions qui produit également les grands vices, les grandes vertus et les grands talents. Mais en êtes-vous plus recommandables ? Qu'importe au public la bonne ou mauvaise conduite d'un particulier ? Un homme de génie, eût-il des vices, est encore plus estimable que vous. En effet, on sert sa patrie ou par l'innocence de ses mœurs et les exemples de vertu qu'on y donne, ou par les lumieres qu'on y répand. De ces deux manieres de servir sa patrie, la derniere, qui sans contredit appartient plus directement au génie, est en même temps celle qui procure le plus d'avantages au public. Les exemples de vertu que donne un particulier ne sont guere utiles qu'au petit nombre de ceux qui composent la société : au contraire les lumieres nouvelles que ce même particulier répandra sur les arts et les sciences sont des bienfaits pour l'univers. Il est donc certain que l'homme de génie, fût-il d'une probité peu exacte, aura toujours plus de droits que vous à la reconnoissance publique.

Les déclamations des esprits justes contre les gens de génie doivent sans doute en imposer quelque temps à la multitude : rien de plus facile à tromper. Si l'Espagnol, à l'aspect des lunettes que portent toujours sur le nez quelques uns de ses docteurs, se persuade que ces docteurs ont perdu leurs yeux à la lecture et qu'ils sont très savants, si l'on prend tous les jours la vivacité du geste pour celle de l'esprit, et la taciturnité pour profondeur, il faut bien qu'on prenne aussi la gravité ordinaire aux esprits justes pour un effet de leur sagesse. Mais le prestige se détruit ; et l'on se rappelle bientôt que la gravité, comme le dit mademoiselle de Scudery, n'est qu'un secret du corps pour cacher les défauts de l'esprit (1). Il n'y a donc proprement que ces esprits justes qui soient long-temps dupes de la gravité qu'ils affectent. Au reste, qu'ils se croient sages parcequ'ils sont sérieux; qu'inspirés par l'orgueil et l'envie, lorsqu'ils décrient le génie, ils croient l'être par la justice : personne à cet égard n'échappe à l'erreur. Ces méprises de sentiment sont en tous genres si générales et si fréquentes, que je crois répondre au desir de mon lecteur en consacrant à cet examen quelques pages de cet ouvrage.

(1) L'âne, dit à ce sujet Montaigne, est le plus sérieux des animaux.

CHAPITRE IX.

Méprise de sentiment.

SEMBLABLE au trait de la lumiere qui se compose d'un faisceau de rayons, tout sentiment se compose d'une infinité de sentiments qui concourent à produire telle volonté dans notre ame et telle action dans notre corps. Peu d'hommes ont le prisme propre à décomposer ce faisceau de sentiments; en conséquence l'on se croit souvent animé, ou d'un sentiment unique, ou de sentiments différents de ceux qui nous meuvent. Voilà la cause de tant de méprises de sentiment, et pourquoi nous ignorons presque toujours les vrais motifs de nos actions.

Pour faire mieux sentir combien il est difficile d'échapper à ces méprises de sentiment, je dois présenter quelques unes des erreurs où nous jette la profonde ignorance de nous-mêmes.

CHAPITRE X.

Combien l'on est sujet à se méprendre sur les motifs qui nous déterminent.

Une mere idolâtre son fils. Je l'aime, dira-t-elle, pour lui-même. Cependant, répondra-t-on, vous ne prenez aucun soin de son éducation, et vous ne doutez pas qu'une bonne éducation ne puisse infiniment contribuer à son bonheur; pourquoi donc sur ce sujet ne consultez-vous point les gens d'esprit et ne lisez-vous aucun des ouvrages faits sur cette matiere? C'est, répliquera-t-elle, parcequ'en ce genre je crois en savoir autant que les auteurs et leurs ouvrages. Mais d'où naît cette confiance en vos lumieres? Ne seroit-elle pas l'effet de votre indifférence? Un desir vif nous inspire toujours une salutaire méfiance de nous-mêmes. A-t-on un procès considérable? on voit des procureurs, des avocats; on en consulte un grand nombre, on lit ses factums. Est-on attaqué de ces maladies de langueur qui sans cesse nous environnent des ombres et des horreurs de la mort? on voit des médecins, on recueille leurs avis, on lit des livres de médecine, on devient soi-même un peu médecin. Telle est la conduite de l'intérêt vif. Lorsqu'il s'agit de l'éducation des enfants, si vous n'êtes point susceptible du même intérêt, c'est que vous ne les aimez point pour eux-mêmes. Mais, ajoutera cette mere, quels seroient les motifs de ma tendresse? Parmi les peres et les meres, répondrai-je, les uns sont affectés du sentiment de la postéromanie; dans leurs enfants ils n'aiment proprement que leur nom : les autres sont jaloux de commander, et dans leurs enfants ils n'aiment que leurs esclaves. L'animal se sépare de ses petits lorsque leur foiblesse ne les tient plus dans sa dépendance, et l'amour paternel s'éteint dans presque tous les cœurs lorsque les enfants ont, par leur âge ou leur état, atteint l'indépendance. Alors, dit le poëte Saadi, le pere ne voit en eux que des héritiers avides : et c'est la cause, ajoute ce même poëte, de l'amour extrême de l'aïeul pour ses petits-fils ; il les regarde comme les ennemis de ses ennemis.

Il est enfin des peres et des meres qui dans leurs enfants n'apperçoivent qu'un joujou et qu'une occupation. La perte de ce joujou leur seroit insupportable : mais leur affliction prouveroit-elle qu'ils aiment un enfant pour lui-même ? Tout le monde sait ce trait de la vie de M. de Lauzun : il étoit à la Bastille ; là, sans livres, sans occupation, en proie à l'ennui et à l'horreur de la prison, il s'avise d'apprivoiser une araignée. C'étoit la seule consolation qui lui restât dans son malheur. Le gouverneur de la Bastille, par une inhumanité commune aux hommes accoutumés à voir des malheureux (1), écrase

(1) L'habitude de voir des malheureux rend les hommes cruels et méchants. En vain disent-ils que, cruels à regret, c'est le devoir qui leur impose la nécessité

cette araignée. Le prisonnier en ressent un chagrin cuisant; il n'est point de mere que la mort de son fils affecte d'une douleur plus violente. Or, d'où vient cette conformité de sentiments pour des objets si différents ? C'est que, dans la perte d'un enfant comme dans la perte d'une araignée, l'on n'a souvent à pleurer que l'ennui et le désœuvrement où l'on tombe. Si les meres paroissent en général plus sensibles à la mort d'un enfant que ne le seroit un pere distrait par ses affaires ou livré aux soins de l'ambition, ce n'est pas que cette mere aime plus tendrement son fils; mais c'est

d'être durs. Tout homme qui, pour l'intérêt de la justice, peut, comme le bourreau, tuer de sang froid son semblable, le massacreroit certainement pour son intérêt personnel, s'il ne craignoit la potence.

qu'elle fait une perte plus difficile à remplacer. Les méprises de sentiment sont en ce genre très fréquentes. On chérit rarement un enfant pour lui-même. Cet amour paternel (1), dont

(1) Ce que je dis de l'amour paternel peut s'appliquer à cet amour métaphysique tant vanté dans nos anciens romans. L'on est en ce genre sujet à bien des méprises de sentiment. Lorsqu'on imagine, par exemple, n'en vouloir qu'à l'ame d'une femme, ce n'est certainement qu'à son corps qu'on en veut; et c'est à cet égard pour satisfaire et ses besoins et surtout sa curiosité qu'on est capable de tout. La preuve de cette vérité c'est le peu de sensibilité que la plupart des spectateurs marquent au théâtre pour la tendresse de deux époux, lorsque ces mêmes spectateurs sont si vivement émus de l'amour d'un jeune homme pour une jeune fille. Qui produiroit en eux cette différence de sentiment, si ce ne sont les sentiments

tant de gens font parade et dont ils se croient vivement affectés, n'est le plus souvent en eux qu'un effet, ou du sentiment de la postéromanie, ou de l'orgueil de commander, ou d'une crainte de l'ennui et du désœuvrement.

Une pareille méprise de sentiment persuade aux dévots fanatiques que c'est à leur zele pour la religion qu'ils doivent la haine qu'ils ont pour les

différents qu'ils ont eux-mêmes éprouvés dans ces deux situations? La plupart d'entre eux ont senti que, si l'on fait tout pour les faveurs desirées, l'on fait peu pour les faveurs obtenues; qu'en fait d'amour, la curiosité une fois satisfaite, on se console aisément de la perte d'une infidele, et qu'alors le malheur d'un amant est très supportable : d'où je conclus que l'amour ne peut jamais être qu'un desir déguisé de la jouissance.

philosophes, et les persécutions qu'ils excitent contre eux. Mais, leur dit-on, ou l'opinion qui vous révolte dans l'ouvrage d'un philosophe est fausse, ou elle est vraie. Dans le premier cas, vous pouvez, animés de cette vertu douce que suppose la religion, lui en prouver philosophiquement la fausseté ; vous le devez même chrétiennement. « Nous n'exigeons point, dit « S. Paul, une obéissance aveugle ; « nous enseignons, nous prouvons, « nous persuadons ». Dans le second cas, c'est-à-dire si l'opinion de ce philosophe est vraie, elle n'est point alors contraire à la religion : le croire, c'est un blasphême. Deux vérités ne peuvent être contradictoires ; et la vérité, dit M. l'abbé de Fleury, ne peut jamais nuire à la vérité. Mais cette opinion, dira le dévot fanatique, ne paroît pas se concilier avec les principes de la religion. Vous pensez donc, lui répliquera-t-on, que tout ce qui résiste aux efforts de votre esprit, et ce que vous ne pouvez concilier avec les dogmes de votre religion, est réellement inconciliable avec ces mêmes dogmes ? Ne savez-vous pas que Galilée fut indignement traîné dans les prisons de l'inquisition pour avoir soutenu que le soleil étoit immobile au centre du monde (1); que

(1) Les persécuteurs de Galilée se crurent sans doute animés du zele de la religion, et furent la dupe de cette croyance. J'avouerai cependant que, s'ils s'étoient scrupuleusement examinés, et qu'ils se fussent demandé pourquoi l'église se réservoit le droit de punir par l'affreux supplice du feu les erreurs d'un homme, lorsque, faisant trouver au crime un asyle inviolable près des autels, elle se déclaroit, pour ainsi dire, la protectrice des assassins;

son système scandalisa d'abord les imbécilles, et leur parut absolument contraire à ce texte de l'écriture, *Ar-*

s'ils se fussent encore demandé pourquoi cette même église, par sa tolérance, sembloit favoriser les forfaits de ces peres qui mutilent sans pitié l'enfant que, dans les temples, les concerts, et sur le théâtre, ils dévouent au plaisir de quelques oreilles délicates ; et qu'enfin ils eussent apperçu que les ecclésiastiques encourageoient eux-mêmes les peres dénaturés à ce crime, en permettant que ces victimes infortunées fussent reçues et chèrement gagées dans les églises : alors ils se seroient nécessairement convaincus que le zele de la religion n'étoit pas l'unique sentiment qui les animoit. Ils auroient senti qu'ils ne faisoient du temple le refuge du crime que pour conserver par ce moyen un plus grand crédit sur une infinité d'hommes qui respecteroient dans les moines les seuls protecteurs qui pussent les soustraire *rête-toi, soleil ?* Cependant d'habiles théologiens ont depuis accordé les principes de Galilée avec ceux de la

à la rigueur des lois; et qu'ils ne punissoient dans Galilée la découverte d'un nouveau système que pour se venger de l'injure involontaire que leur faisoit un grand homme qui, peut-être, en éclairant l'humanité, en paroissant plus instruit que les ecclésiastiques, pouvoit diminuer leur crédit sur le peuple. Il est vrai que, même dans l'Italie, on ne se rappelle qu'avec horreur le traitement que l'inquisition fit à ce philosophe. Je citerai pour preuve de cette vérité un morceau d'un poëme du prêtre Benedetto Menzini. Ce poëme, imprimé et vendu publiquement à Florence, est rapporté dans le *Journal étranger*. Le poëte s'adresse aux inquisiteurs qui condamnerent Galilée. « Quel « étoit, leur dit-il, votre aveuglement « lorsque vous traitâtes indignement ce « grand homme dans vos cachots? Est-ce religion. Qui vous assure qu'un théologien, plus heureux ou plus éclairé que vous, ne levera pas la contradiction que vous croyez appercevoir entre votre religion et l'opinion que vous condamnez ? Qui vous force, par une censure précipitée, d'exposer, si ce n'est la religion, du moins ses ministres, à la haine qu'excite la persécution ? Pourquoi, toujours empruntant le secours de la force et de la

« là cet esprit pacifique que vous re-
« commande le saint apôtre qui mourut
« en exil à Pathmos ? Non : vous fûtes tou-
« jours sourds à ses préceptes. Persécu-
« tons les savants ; telle est votre maxi-
« me. Orgueilleux humains, sous un ex-
« térieur qui ne respire que l'humilité,
« vous qui parlez d'un ton si doux, et
« qui trempez vos mains dans le sang,
« quel démon funeste vous introduisit
« parmi nous ? »

terreur, vouloir imposer silence aux gens de génie, et priver l'humanité des lumieres utiles qu'ils peuvent lui procurer?

Vous obéissez, dites-vous, à la religion. Mais elle vous ordonne la méfiance de vous-mêmes et l'amour du prochain. Si vous n'agissez pas conformément à ces principes, ce n'est donc pas l'esprit de Dieu qui vous anime (1). Mais, direz-vous, quelles sont donc les divinités qui m'inspirent? La paresse et l'orgueil. C'est la

---

(1) Si le même dévot fanatique, doux à la Chine et cruel à Lisbonne, prêche dans les divers pays la tolérance ou la persécution, selon qu'il y est plus ou moins puissant, comment concilier des conduites aussi contradictoires avec l'esprit de l'évangile, et ne pas sentir que, sous le nom de la religion, c'est l'orgueil de commander qui les inspire?

paresse, ennemie de toute contention d'esprit, qui vous révolte contre des opinions que vous ne pouvez, sans étude et sans quelque fatigue d'attention, lier aux principes reçus dans les écoles; mais qui, philosophiquement démontrées, ne peuvent être théologiquement fausses.

C'est l'orgueil, ordinairement plus exalté dans le bigot que dans tout autre homme, qui lui fait détester dans l'homme de génie le bienfaiteur de l'humanité, et qui le souleve contre des vérités dont la découverte l'humilie.

C'est donc cette même paresse et ce même orgueil qui, se déguisant (1)

(1) Si l'on en excepte la luxure, de tous les péchés le moins nuisible à l'humanité, mais qui consiste dans un acte qu'il est impossible de se dissimuler à soi-même, on se fait illusion sur tout le reste. Tous

à ses yeux sous l'apparence du zele (1), en font le persécuteur des hommes

les vices à nos yeux se transforment en autant de vertus. L'on prend en soi le desir des grandeurs pour l'élévation dans l'ame, l'avarice pour économie, la médisance pour amour de la vérité, et l'humeur pour un zele louable : aussi la plupart de ces passions s'allient-elles communément avec la bigoterie.

(1) Ceux des théologiens qui croyoient les papes en droit de disposer des trônes s'imaginoient aussi être animés du pur zele de la religion. Ils n'appercevoient pas qu'un motif secret d'ambition se mêloit à la sainteté de leurs intentions ; que l'unique moyen de commander aux rois étoit de consacrer l'opinion qui donnoit au pape le droit de les déposer pour cas d'hérésie. Or, les ecclésiastiques étant les seuls juges de l'hérésie, la cour de Rome, dit l'abbé de Longuerue, en faisoit trouver à son gré dans tous les princes qui lui déplaisoient.

éclairés ; et qui, dans l'Italie, l'Espagne, et le Portugal, ont forgé les chaînes, bâti les cachots, et dressé les bûchers de l'inquisition.

Au reste, ce même orgueil, si redoutable dans le dévot fanatique, et qui dans toutes les religions lui fait au nom du Très-Haut persécuter les hommes de génie, arme quelquefois contre eux les gens en place.

A l'exemple de ces pharisiens qui traitoient de criminels ceux qui n'adoptoient point toutes leurs décisions, que de visirs traitent d'ennemis de la nation ceux qui n'approuvent point aveuglément leur conduite ! Induit à cette erreur par une méprise de sentiment commune à presque tous les hommes, il n'est point de visir qui ne prenne son intérêt pour l'intérêt de la nation ; qui ne soutienne sans le savoir qu'humilier son orgueil c'est insulter au public; et que blâmer sa conduite, avec quelque ménagement qu'on le fasse, c'est exciter le trouble dans l'état. Mais, lui diroit-on, vous vous trompez vous-même; et dans ce jugement c'est l'intérêt de votre orgueil, et non l'intérêt général, que vous consultez. Ignorez-vous qu'un citoyen, s'il est vertueux, ne verra jamais avec indifférence les maux qu'occasionne une mauvaise administration? La législation, qui de toutes les sciences est la plus utile, ne doit-elle pas comme toute autre science se perfectionner par les mêmes moyens? C'est en éclairant les erreurs des Aristote, des Averroès, des Avicenne, et de tous les inventeurs dans les sciences et les arts, qu'on a perfectionné ces mêmes arts et ces mêmes sciences. Vouloir couvrir les fautes de l'administration du voile du silence, c'est donc s'opposer aux progrès de la législation, et par conséquent au bonheur de l'humanité. C'est ce même orgueil, masqué à vos propres yeux du nom de bien public, qui vous fait avancer cet axiome, qu'une faute une fois commise, le divan doit toujours la soutenir, et que l'autorité ne doit point plier. Mais, vous répondra-t-on, si le bien public est l'objet que se propose tout prince et tout gouvernement, doivent-ils employer l'autorité à soutenir une sottise ? L'axiome que vous établissez ne signifie donc rien autre chose, sinon : J'ai donné mon avis ; je ne veux pas qu'en montrant au prince la nécessité de changer de conduite on lui prouve trop clairement que je l'ai mal conseillé.

Au reste il est peu d'hommes qui échappent aux illusions de cette espece. Que de gens faux de bonne foi, faute de s'être examinés! S'il en est pour qui les autres ne soient pour ainsi dire que des corps diaphanes, et qui lisent également bien et dans leur intérieur et dans l'intérieur d'autrui, le nombre en est petit. Pour se connoître il faut s'observer, faire une longue étude de soi-même. Les moralistes sont presque les seuls intéressés à cet examen, et la plupart des hommes s'ignorent.

Parmi ceux qui déclament avec tant d'emportement contre les singularités de quelques hommes d'esprit, que de gens ne se croient uniquement animés que de l'esprit de justice et de vérité! Cependant, leur diroit-on, pourquoi se déchaîner avec tant de fureur contre un ridicule qui souvent ne nuit à personne? Un homme joue le singulier; riez-en, à la bonne heure:

c'est même le parti que vous prendrez avec un homme sans mérite. Pourquoi n'en userez-vous pas de même avec un homme d'esprit ? C'est que sa singularité attire l'attention du public : or, son attention une fois fixée sur un homme de mérite, il s'en occupe, il vous oublie, et votre orgueil en est blessé. Voilà quel est en vous le principe secret et du respect que vous affectez pour l'usage et de votre haine pour le singulier.

Vous me direz peut-être : L'extraordinaire frappe ; il ajoute à la célébrité de l'homme d'esprit ; le mérite simple et modeste en est moins estimé ; et c'est une injustice dont je le venge en décriant la singularité. Mais l'envie, répondrai-je, ne vous fait-elle pas appercevoir l'affectation où l'affectation n'est pas ? En général les hommes supérieurs y sont peu sujets; un caractere paresseux et méditatif peut avoir de la singularité, mais jamais il ne la jouera. L'affectation de la singularité est donc très rare.

Pour soutenir le personnage de singulier, de quelle activité faut-il être doué! Quelle connoissance du monde faut-il avoir et pour choisir précisément un ridicule qui ne nous rende ni méprisables ni odieux aux autres hommes, et pour adapter ce ridicule à notre caractere et le proportionner à notre mérite! Car enfin ce n'est qu'avec une telle dose de génie qu'il est permis d'avoir un tel ridicule. A-t-on cette dose? il faut en convenir; alors, loin de nous nuire, un ridicule nous sert. Lorsqu'Énée descend aux enfers, pour adoucir le monstre qui veille à leurs portes ce héros se pourvoit, par le conseil de la Sibylle, d'un gâteau qu'il jette dans la gueule de Cerbere. Qui sait si, pour appaiser la haine de ses contemporains, le mérite ne doit pas aussi jeter dans la gueule de l'envie le gâteau d'un ridicule ? La prudence l'exige, et même l'humanité l'ordonne. S'il naissoit un homme parfait, il devroit toujours par quelques grandes sottises adoucir la haine de ses concitoyens. Il est vrai qu'à cet égard on peut s'en fier à la nature, et qu'elle a pourvu chaque homme de la dose de défauts suffisante pour le rendre supportable.

Une preuve certaine que c'est l'envie qui, sous le nom de justice, se déchaîne contre les ridicules des gens d'esprit, c'est que toute singularité ne nous blesse point en eux. Une singularité grossiere, et qui flatte, par exemple, la vanité de l'homme médiocre, en lui faisant appercevoir dans les gens de mérite des ridicules dont il est exempt, en lui persuadant que tous les gens d'esprit sont fous et que lui seul est sage, est une singularité toujours très propre à leur concilier sa bienveillance. Qu'un homme d'esprit, par exemple, s'habille d'une maniere singuliere : la plupart des hommes, qui ne distinguent point la sagesse de la folie, et ne la reconnoissent qu'à l'enseigne d'une perruque plus ou moins longue, prendront cet homme pour un fou ; ils en riront, mais ils l'en aimeront davantage. En échange du plaisir qu'ils trouvent à s'en moquer, quelle célébrité ne lui donneront-ils pas? On ne peut rire souvent d'un homme sans en parler beaucoup. Or ce qui perdroit un sot accroît la réputation d'un homme de mérite. On ne s'en moque pas sans avouer et peut-être même sans exagérer sa supériorité dans le genre où il se distingue. Par des déclamations outrées, l'envieux, à son insu, contribue lui-même à la gloire des gens de mérite. Quelle reconnoissance ne te dois-je pas ! lui diroit volontiers l'homme d'esprit ; que ta haine me fait d'amis ! Le public ne s'est pas long-temps mépris sur les motifs de ton aigreur ; c'est l'éclat de ma réputation et non ma singularité qui t'offense. Si tu l'osois, tu jouerois, comme moi, le singulier : mais tu sais qu'une singularité affectée est une platitude dans un homme sans esprit : ton instinct t'avertit ou que tu n'as pas, ou du moins que le public ne t'accorde pas, le mérite nécessaire pour jouer le singulier. Voilà quelle est la vraie cause de ton horreur pour la singularité (1). Tu ressembles à ces

(1) C'est à la même cause qu'on doit

femmes contrefaites qui, criant sans cesse à l'indécence contre tout habillement nouveau et propre à marquer la taille, ne s'apperçoivent point que c'est à leur difformité qu'elles doivent leur respect pour les anciennes modes.

Notre ridicule nous est toujours caché; ce n'est que dans les autres qu'on l'apperçoit. Je rapporterai à ce sujet un fait assez plaisant qui, dit-on, est arrivé de nos jours. Le duc

attribuer l'amour que presque tous les sots croient afficher pour la probité lorsqu'ils disent: Nous fuyons les gens d'esprit; c'est mauvaise compagnie; ce sont des hommes dangereux. Mais, leur diroit-on, l'église, la cour, la magistrature, la finance, ne fournissent pas moins d'hommes repréhensibles que les académies. La plupart des gens de lettres ne sont pas même à portée de faire des fripponneries. D'ailleurs le desir de l'estime, que suppose toujours l'amour de l'étude, leur de Lorraine donnoit un grand repas à toute sa cour; on avoit servi le souper dans un vestibule, et ce vestibule donnoit sur un parterre. Au milieu du souper, une femme croit voir une araignée; la peur la saisit, elle pousse un cri, quitte la table, fuit dans le jardin, et tombe sur un gazon. Au moment de sa chûte elle entend rouler quelqu'un à ses côtés; c'étoit le premier ministre du duc: Ah! monsieur,

sert à cet égard de préservatif. Parmi les gens de lettres il en est peu dont la probité ne soit constatée par quelque acte de vertu. Mais, en les supposant même aussi frippons que les sots, les qualités de l'esprit peuvent du moins compenser en eux les vices du cœur; mais le sot n'offre aucun dédommagement. Pourquoi donc fuir les gens d'esprit? C'est que leur présence humilie, et qu'on prend en soi pour amour de la vertu ce qui n'est qu'aversion pour les hommes supérieurs.

lui dit-elle, que vous me rassurez, et que j'ai de graces à vous rendre ! je craignois d'avoir fait une impertinence : *Eh! madame, qui pourroit y tenir ?* répond le ministre : *mais, dites-moi, étoit-elle bien grosse ?* Ah ! monsieur, elle étoit affreuse. *Voloit-elle,* ajouta-t-il, *près de moi ?* Que voulez-vous dire ? une araignée voler ? *Eh quoi !* reprit-il, *c'est pour une araignée que vous faites ce train-là ? Allez, madame, vous êtes une folle : je croyois que c'étoit une chauve-souris.* Ce fait est l'histoire de tous les hommes. On ne peut supporter son ridicule dans autrui ; on s'injurie réciproquement ; et, dans ce monde, ce n'est jamais qu'une vanité qui se moque de l'autre. Aussi, d'après Salomon, est-on toujours tenté de s'écrier : *Tout est vanité !* C'est à cette vanité que tiennent la plupart de nos méprises de sentiment. Mais, comme c'est surtout en matiere de conseils que cette méprise est plus facilement apperçue, après avoir exposé quelques unes des erreurs où nous jette la profonde ignorance de nous-mêmes, il est encore utile de montrer les erreurs où cette même ignorance de nous-mêmes précipite quelquefois les autres.

CHAPITRE XI.

Des conseils.

Tout homme que l'on consulte croit toujours ses conseils dictés par l'amitié. Il le dit, la plupart des gens le croient sur sa parole, et leur aveugle confiance ne les égare que trop souvent. Il seroit cependant très facile de se détromper sur ce point; car enfin on aime peu de gens, et l'on veut conseiller tout le monde. Où cette manie de conseiller prend-elle sa source ? Dans notre vanité. La folie de presque tout homme est de se croire sage, et beaucoup plus sage que son voisin : tout ce qui le confirme dans cette opinion lui plaît. Qui nous consulte est agréable : c'est un aveu d'infériorité qui flatte. D'ailleurs que d'occasions l'intérêt du consultant ne nous donne-t-il pas d'étaler nos maximes, nos idées, nos sentiments, de parler de nous, d'en parler beaucoup, et d'en parler en bien ! Aussi n'est-il personne qui n'en profite. Plus occupés de l'intérêt de notre vanité que de l'intérêt du consultant, il nous quitte ordinairement sans être instruit ni éclairé, et nos conseils n'ont été que notre panégyrique. C'est donc presque toujours la vanité qui conseille. Aussi veut-on corriger tout le monde. C'est à ce sujet qu'un philosophe répondoit à un de ces conseillers empressés : « Comment me corrigerois-je de mes défauts, puisque tu ne te corriges pas toi-même de l'envie de corriger » ? Si c'étoit en effet l'amitié seule qui donnât des conseils, cette passion, comme toute passion vive, nous éclaireroit, nous feroit connoître quand et comment on doit conseiller. Dans le cas de l'ignorance, nul doute, par exemple, qu'un conseil ne soit très utile. Un avocat, un médecin, un philosophe, un politique, peuvent, chacun en leur genre, donner d'excellents avis. Dans tout autre cas le conseil est inutile; souvent même il est ridicule, parcequ'en général c'est toujours soi qu'on y propose pour modele. Qu'un ambitieux consulte un homme modéré, et lui propose ses vues et ses projets : Abandonnez-les, lui dira celui-ci ; ne vous exposez point à des dangers, à des chagrins sans nombre, et livrez vous à des occupations douces. Peut-être, lui répliquera l'ambitieux, entre des passions et des caracteres différents, si j'avois encore un choix à faire, peut-être me rendrois-je à votre avis ; mais il s'agit, mes passions données, mon caractere formé, et mes habitudes prises, d'en tirer le meilleur parti possible pour mon bonheur. C'est sur ce point que je vous consulte. En vain ajouteroit-il que, le caractere une fois formé, il est impossible d'en changer ; que les plaisirs d'un homme modéré seroient insipides pour un ambitieux ; et que le ministre disgracié meurt d'ennui : quelques raisons qu'il allegue, l'homme modéré lui répétera toujours : *Il ne faut pas être ambi-*

tieux. Il me semble entendre un médecin dire à son malade, *Monsieur, n'ayez pas la fievre*. Les vieillards tiendront le même langage. Qu'un jeune homme les consulte sur la conduite qu'il doit tenir : Fuyez, lui diront-ils, tout bal, tout spectacle, toute assemblée de femmes, et tout amusement frivole; occupez-vous tout entier de votre fortune; imitez-nous. Mais, leur répliquera le jeune homme, je suis encore très sensible au plaisir; j'aime les femmes avec fureur : comment y renoncer? vous sentez qu'à mon âge ce plaisir est un besoin. Quelque chose qu'il dise, un vieillard ne comprendra jamais que la jouissance d'une femme soit si nécessaire au bonheur d'un homme. Tout sentiment qu'on n'éprouve plus est un sentiment dont on n'admet point l'existence. Le vieillard ne cherche plus le plaisir, le plaisir ne le cherche plus ; les objets qui l'occupoient dans sa jeunesse se sont insensiblement éloignés de ses yeux. L'homme alors est comparable au vaisseau qui cingle en haute mer, qui perd insensiblement de vue les objets qui l'attachoient au rivage, et qui lui-même disparoît bientôt à leurs yeux. Qui considere l'ardeur avec laquelle chacun se propose pour modele croit voir des nageurs répandus sur un grand lac, et qui, emportés par des courants divers, levent la tête au-dessus de l'eau, et se crient les uns aux autres : C'est moi qu'il faut suivre, et c'est là qu'il faut aborder. Retenu lui-même par des chaînes d'airain sur un rocher d'où il contemple leur folie, Ne voyez-vous pas, dit le sage, qu'entraînés par des courants contraires vous ne pouvez aborder au même endroit? Conseiller à un homme de dire ceci, de faire cela, c'est ordinairement ne rien dire, sinon, J'agirois de cette maniere, je dirois telle chose. Aussi ce mot de Moliere, *Vous étes orfevre, monsieur Josse*, appliqué à l'orgueil de se donner pour exemple, est-il bien plus général qu'on ne l'imagine. Il n'est point de sot qui ne voulût diriger la conduite de l'homme du plus grand esprit (1). Il me semble voir le chef des Natchès (2) qui, tous les matins au lever de l'aurore, sort de sa cabane, et du doigt marque au soleil son frere la route qu'il doit tenir.

(1) Qui n'est point écuyer ne donne point de conseil sur l'art de domter les chevaux. Mais on n'est point si défiant en fait de morale : sans l'avoir étudiée, on s'y croit très savant, et en état de conseiller tout le monde.

(2) Peuples sauvages.

Mais, dira-t-on, l'homme que l'on consulte peut sans doute se faire illusion à lui-même, attribuer à l'amitié ce qui n'est en lui que l'effet de sa vanité: mais comment cette illusion passe-t-elle jusqu'à celui qui consulte? comment n'est-il pas à cet égard éclairé par son intérêt? C'est qu'on croit volontiers que les autres prennent à ce qui nous regarde un intérêt que réellement ils n'y prennent point; c'est que la plupart des hommes sont foibles, ne peuvent se conduire eux-mêmes, ont besoin qu'on les décide; et qu'il est très facile, comme l'observation le prouve, de communiquer à de pareils hommes la haute opinion qu'on a de soi. Il n'en est pas ainsi d'un esprit ferme: s'il consulte, c'est qu'il ignore. Il sait que, dans tout autre cas, et lorsqu'il s'agit de son propre bonheur, c'est uniquement à lui seul qu'il doit s'en rapporter. En effet, si la bonté d'un conseil dépend alors d'une connoissance exacte du sentiment et du degré de sentiment dont un homme est affecté, qui peut mieux se conseiller que soi-même ? Si l'intérêt vif nous éclaire sur tous les objets de nos recherches, qui peut être plus éclairé que nous sur notre propre bonheur ? Qui sait si, le caractere formé et les habitudes prises, chacun ne se conduit pas le mieux possible, lors même qu'il paroît le plus fou ? Tout le monde sait cette réponse d'un fameux oculiste. Un paysan va le consulter ; il le trouve à table, buvant et mangeant bien : « Que faire pour mes « yeux ? lui dit le paysan ». — « Vous « abstenir du vin, reprend l'oculiste ». — « Mais il me semble, reprend le « paysan en s'approchant de lui, que « vos yeux ne sont pas plus sains

« que les miens; et cependant vous bu-
« vez ». — « Oui vraiment ; c'est que
« j'aime mieux boire que guérir ».
Que de gens dont le bonheur est, comme celui de cet oculiste, attaché à des passions qui doivent les plonger dans les plus grands malheurs, et qui cependant, si je l'ose dire, seroient fous de vouloir être plus sages! Il est même des hommes, et l'expérience ne l'a que trop démontré, qui sont assez malheureusement nés pour ne pouvoir être heureux que par des actions qui les menent à la Greve (1). Mais, répliquera-t-on, il est aussi des hommes qui, faute d'un sage conseil, tombent journellement dans les fautes

(1) Si, comme le dit Pascal, l'habitude est une seconde et peut-être une premiere nature, il faut avouer que, l'habitude du crime une fois prise, on en commettra toute sa vie.

les plus grossieres : un bon conseil sans doute pourroit les leur faire éviter. Mais je dis qu'ils en commettroient de plus considérables encore s'ils se livroient indistinctement aux conseils d'autrui. Qui les suit aveuglément n'a qu'une conduite pleine d'inconséquences, ordinairement plus funeste que les excès mêmes des passions.

En s'abandonnant à son caractere on s'épargne au moins les efforts inutiles qu'on fait pour y résister. Quelque forte que soit la tempête, lorsqu'on prend le vent arriere on soutient sans fatigue l'impétuosité des mers; mais, si l'on veut lutter contre les vagues en prêtant le flanc à l'orage, on ne trouve par-tout qu'une mer rude et fatigante.

Des conseils inconsidérés ne nous précipitent que trop souvent dans des abymes de malheurs. Aussi devroit-on souvent se rappeler ce mot de Socrate : « Puissé-je, disoit ce philosophe, tou- « jours en garde contre mes maîtres « et mes amis, conserver toujours « mon ame dans une situation tran- « quille, et n'obéir jamais qu'à la « raison, la meilleure des conseil- « leres » ! Quiconque écoute la raison est non seulement sourd aux mauvais conseils, mais pese encore à la balance du doute les conseils mêmes de ces gens qui, respectables par leur âge, leurs dignités, et leur mérite, mettent cependant trop d'importance à leurs occupations, et, comme le héros de Cervantes, ont un coin de folie auquel ils veulent tout ramener. Si les conseils sont quelquefois utiles, c'est pour se mettre en état de se mieux conseiller soi-même; s'il est prudent d'en demander, ce n'est qu'à ces gens sages qui, connoissant la rareté et le prix d'un bon conseil, en sont et doivent toujours en être avares (1). En effet, pour en donner d'utiles, avec quel soin ne faut-il pas approfondir le caractere d'un homme! quelle connoissance ne faut-il pas avoir de ses goûts, de ses inclinations, des sentiments qui l'animent, et du degré de sentiment dont il est affecté! quelle finesse enfin pour pressentir les fautes qu'il veut commettre avant que de s'en repentir, pour prévoir les circon-

(1) Chaque siecle ne produit peut-être que cinq ou six hommes de cette espece ; et cependant, en morale comme en médecine, on consulte la premiere bonne femme. On ne se dit pas que la morale, comme toute autre science, demande beaucoup d'étude et de méditation. Chacun croit la savoir, parcequ'il n'est point d'école publique pour l'apprendre.

stances où la fortune doit le placer, et juger en conséquence si tel défaut dont on voudroit le corriger ne se changera pas en vertu dans les places où vraisemblablement il doit parvenir! C'est le tableau effrayant de ces difficultés qui rend l'homme sage si réservé sur l'article des conseils. Aussi n'est-ce qu'à ceux qui n'en donnent point qu'il en faut toujours demander. Tout autre conseil doit être suspect. Mais est-il quelque signe auquel on puisse reconnoître les conseils de l'homme sage? Oui sans doute il en est. Toutes les passions ont un langage différent. On peut donc, par l'énoncé des conseils, reconnoître le motif qui les donne. Dans la plupart des hommes c'est, comme je l'ai dit plus haut, l'orgueil qui les dicte; et les conseils de l'orgueil, toujours humiliants, ne sont presque jamais suivis. L'orgueil les donne, l'orgueil y résiste : c'est l'enclume qui repousse le marteau. L'art de les faire goûter, qui de tous les arts est peut-être chez les hommes l'art le moins perfectionné, est absolument inconnu à l'orgueil. Il ne discute point. Ses conseils sont des décisions, et ses décisions sont la preuve de son ignorance. On dispute sur ce qu'on sait, on tranche sur ce qu'on ignore. Mortels, diroit volontiers l'orgueilleux, écoutez-moi : supérieur en esprit aux autres hommes, je parle ; qu'ils exécutent, et croient en mes lumieres : me répliquer c'est m'offenser. Aussi, toujours plein d'un respect profond pour lui-même, qui résiste à ses conseils est un entêté auquel il faut des flatteurs, et non des amis. Superbe, lui répondroit-on, sur qui doit tomber ce reproche, si ce n'est sur toi-même, qui t'emportes avec tant de violence contre ceux qui par une déférence aveugle à tes décisions ne flattent point ta présomption ? Apprends que c'est le vice de l'humeur qui te sauve du vice de la flatterie. D'ailleurs que veux-tu dire par cet amour pour la flatterie que tous les hommes se reprochent réciproquement, et dont on accuse principalement les grands et les rois ? Chacun, sans doute, hait la louange lorsqu'il la croit fausse : on n'aime donc les flatteurs qu'en qualité d'admirateurs sinceres. Sous ce titre il est impossible de ne les point aimer, parceque chacun se croit louable, et veut être loué. Qui dédaigne les éloges souffre du moins qu'on le loue sur ce point. Lorsqu'on déteste le flatteur, c'est qu'on le reconnoît pour tel. Dans la flatterie ce n'est donc pas la louange, mais la fausseté, qui choque. Si l'homme d'esprit paroît moins sensible aux éloges, c'est qu'il en apperçoit plus souvent la fausseté; mais qu'un flatteur adroit le loue, persiste à le louer, et mêle quelques blâmes aux éloges qu'il lui donne, l'homme d'esprit en sera tôt ou tard la dupe. Depuis l'artisan jusqu'aux princes, tout aime la louange, et par conséquent la flatterie adroite. Mais, dira-t-on, n'a-t-on pas vu des rois supporter avec reconnoissance les dures représentations d'un conseiller vertueux ? Oui, sans doute : mais ces princes étoient jaloux de leur gloire ; ils étoient amoureux du bien public ; leur caractere les forçoit d'appeler à leur cour des hommes animés de cette même passion, c'est-à-dire des hommes qui ne leur donnassent que des conseils favorables aux peuples. Or de pareils conseillers flattent un prince vertueux, du moins dans l'objet de sa passion, s'ils ne le flattent pas toujours dans les moyens qu'il prend pour la satisfaire : une pareille liberté ne l'offense donc pas. Je dirai de plus qu'une vérité dure peut quelquefois le flatter : c'est la morsure d'une maîtresse.

Qu'un homme s'approche d'un avare, et lui dise : Vous êtes un sot ; vous placez mal votre argent ; voilà l'emploi plus utile que vous en pouvez faire : loin d'être révolté d'une pareille franchise, l'avare en saura gré à son auteur. En désapprouvant la conduite de l'avare, on le flatte dans ce qu'il a de plus cher, c'est-à-dire dans l'objet de sa passion. Or ce que je dis de l'avare peut s'appliquer au roi vertueux.

A l'égard d'un prince que n'animeroit point l'amour de la gloire ou du bien public, ce prince ne pourroit attirer à sa cour que des hommes qui, relativement à ses goûts, ses préjugés, ses vues, ses projets, et ses plaisirs, pourroient l'éclairer sur l'objet de ses desirs : il ne seroit donc environné que de ces hommes vicieux auxquels la vengeance publique donne le nom de flatteurs (1). Loin de lui fuiroient tous les gens vertueux. Exiger qu'il les rassemblât près de son trône, ce seroit lui demander l'impossible, et vouloir un effet sans cause. Les tyrans et les grands princes doivent se déci-

---

(1) La plupart des princes, dit le poëte Saadi, sont si indifférents aux bons conseils, ils ont si rarement besoin d'amis vertueux, que c'est toujours un signe de calamité publique lorsque ces hommes vertueux paroissent à la cour. Aussi n'y sont-ils appelés qu'à l'extrémité, et dans l'instant où communément l'état est sans ressource.

der par le même motif sur le choix de leurs amis; ils ne different que par la passion dont ils sont animés.

Tous les hommes veulent donc être loués et flattés; mais tous ne veulent pas l'être de la même maniere; et c'est uniquement en ce point qu'ils sont différents entre eux. L'orgueilleux n'est point exempt de ce desir: quelle preuve plus forte que la hauteur avec laquelle il décide, et la soumission aveugle qu'il exige? Il n'en est pas ainsi de l'homme sage; son amour-propre ne se manifeste point d'une maniere insultante; s'il donne un conseil, il n'exige point qu'on le suive. La saine raison soupçonne toujours qu'elle n'a pas considéré un objet sous toutes ses faces. Aussi l'énoncé de ses conseils est-il toujours remarquable par quelqu'une de ces expressions de doute propres à marquer la situation de l'ame. Telles sont ces phrases : *Je crois que vous devez vous conduire de telle maniere; tel est mon avis; tels sont les motifs sur lesquels je me fonde: mais n'adoptez rien sans examen*, etc. C'est à cette maniere de conseiller qu'on reconnoît l'homme sage : lui seul peut réussir auprès de l'homme d'esprit; et, s'il n'a pas toujours le même succès auprès des gens médiocres, c'est que ces derniers, souvent incertains, veulent qu'on les arrache à leur irrésolution, et qu'on les décide; ils s'en fient plus à la sottise qui tranche d'un ton ferme, qu'à la sagesse qui parle en hésitant.

L'amitié qui conseille prend à-peu-près le ton de la sagesse ; elle unit seulement l'expression du sentiment à celle du doute. Résiste-t-on à ses avis? va-t-on même jusqu'à les mépriser? c'est alors qu'elle se fait mieux connoître, et qu'après avoir fait ses représentations, elle s'écrie avec Pylade : *Allons, seigneur, enlevons Hermione.*

Chaque passion a donc ses tours, ses expressions, et sa maniere particuliere de s'exprimer : aussi l'homme qui, par une analyse exacte des phrases et des expressions dont se servent les différentes passions, donneroit le signe auquel on peut les reconnoître, mériteroit sans doute infiniment de la reconnoissance publique. C'est alors qu'on pourroit, dans le faisceau de sentiments qui produisent chaque acte de notre volonté, distinguer du moins le sentiment qui domine en nous. Jusques-là les hommes s'ignoreront eux-mêmes, et tomberont, en fait de sentiments, dans les erreurs les plus grossieres.

CHAPITRE XII.

Du bon sens.

La différence de l'esprit d'avec le bon sens est dans la cause différente qui les produit. L'un est l'effet des passions fortes, et l'autre de l'absence de ces mêmes passions. L'homme de bon sens ne tombe donc communément dans aucune de ces erreurs où nous entraînent les passions; mais aussi ne reçoit-il aucun de ces coups de lumiere qu'on ne doit qu'aux passions vives. Dans le courant de la vie et dans les choses où, pour bien voir, il suffit de voir d'un œil indifférent, l'homme de bon sens ne se trompe point. S'agit-il de ces questions un peu compliquées où, pour appercevoir et démêler le vrai, il faut quelque effort et quelque fatigue d'attention? l'homme de bon sens est aveugle : privé de passions, il se trouve en même temps privé de ce courage, de cette activité d'ame, et de cette attention continue qui seuls pourroient l'éclairer. Le bon sens ne suppose donc aucune invention, ni par conséquent aucun esprit : et c'est, si je l'ose dire, où le bon sens finit que l'esprit commence. (1)

Il ne faut cependant point en conclure que le bon sens soit si commun. Les hommes sans passions sont rares. L'esprit juste, qui, de toutes les sortes d'esprit, est sans contredit l'espece la plus voisine du bon sens, n'est pas lui-même exempt de passions. D'ailleurs les sots n'en sont pas moins

(1) On voit que je distingue ici l'*esprit* du *bon sens*, que l'on confond quelquefois dans l'usage ordinaire.

susceptibles que l'homme d'esprit. Si tous prétendent au bon sens, et même s'en donnent le titre, on ne les en croit pas sur leur parole. C'est M. Diafoirus qui dit : « Je jugeai par la pe-« santeur d'imagination de mon fils « qu'il auroit un bon jugement à ve-« nir ». On manque toujours de bon sens lorsqu'à cet égard l'on n'a que son défaut d'esprit pour appuyer ses prétentions.

Le corps politique est-il sain ? les gens de bon sens peuvent être appelés aux grandes places et les remplir dignement. L'état est-il attaqué de quelque maladie ? ces mêmes gens de bon sens deviennent alors très dangereux. La médiocrité conserve les choses dans l'état où elle les trouve. Ils laissent tout aller comme il va. Leur silence dérobe les progrès du mal, et s'oppose aux remedes efficaces qu'on y pourroit apporter. Ils ne déclarent ordinairement la maladie qu'au moment qu'elle est incurable. A l'égard de ces places secondaires où l'on n'est point chargé d'imaginer mais d'exécuter ponctuellement, ils y sont ordinairement très propres. Les seules fautes qu'ils y commettent sont de ces fautes d'ignorance qui dans les petites places sont presque toujours de peu d'importance. Quant à leur conduite particuliere, elle n'est point habile, mais elle est toujours raisonnable. L'absence des passions, en interceptant toutes les lumieres dont les passions sont la source, leur fait en même temps éviter toutes les erreurs où les passions précipitent. Les gens sensés sont en général plus heureux que les hommes livrés à des passions fortes : cependant l'indifférence des premiers les rend moins heureux que l'homme doux, et qui, né sensible, a par l'âge et les réflexions affoibli en lui cette sensibilité. Il lui reste un cœur, et ce cœur s'ouvre encore aux foiblesses des autres ; sa sensibilité se ranime avec eux; il jouit enfin du bonheur d'être sensible, sans en être moins heureux. Aussi, plus aimable aux yeux de tous, est-il plus aimé de ses concitoyens, qui lui savent gré de ses foiblesses.

Quelque rare que soit le bon sens, les avantages qu'il procure ne sont que personnels ; ils ne s'étendent point sur l'humanité. L'homme de bon sens ne peut donc prétendre à la reconnoissance publique, ni par conséquent à la gloire. Mais la prudence, dira-t-on, qui marche à la suite du bon sens, est une vertu que toutes les nations ont intérêt d'honorer. Cette prudence, répondrai-je, si vantée, et quelquefois si utile aux particuliers, n'est pas pour tout un peuple une vertu si desirable qu'on l'imagine. De tous les dons que le ciel peut verser sur une nation, le don de tous le plus funeste seroit sans contredit la prudence, si le ciel la rendoit commune à tous les citoyens. Qu'est-ce en effet que l'homme prudent? celui qui conserve des maux plus éloignés une image assez vive pour qu'elle balance en lui la présence d'un plaisir qui seroit funeste. Or supposons que la prudence descende sur toutes les têtes qui composent une nation, où trouver alors des hommes qui, pour cinq sous par jour, affrontent dans les combats la mort, les fatigues ou les maladies? Quelle femme se présenteroit à l'autel de l'hymen, s'exposeroit au mal-aise d'une grossesse, aux dangers d'un accouchement, à l'humeur, aux contradictions d'un mari, aux chagrins enfin qu'occasionnent la mort ou la mauvaise conduite des enfants? Quel homme conséquent aux principes de sa religion ne mépriseroit pas l'existence fugitive des plaisirs d'ici-bas, et, tout entier au soin de son salut, ne chercheroit pas dans une vie plus austere le moyen d'accroître la félicité promise à la sainteté? Quel homme ne choisiroit pas en conséquence l'état le plus parfait, celui dans lequel son salut seroit le moins exposé, ne préféreroit pas la palme de la virginité aux myrtes de l'amour, et n'iroit pas enfin s'ensevelir dans un monastere (1)? C'est donc à l'inconséquence

(1) Lorsqu'il s'agissoit à la Chine de savoir si l'on permettroit aux missionnaires de prêcher librement la religion chrétienne, on dit que les lettrés, assem-

que la postérité devra son existence. C'est la présence du plaisir, sa vue toute-puissante, qui brave les malheurs éloignés, anéantit la prévoyance. C'est donc à l'imprudence et à la folie que le ciel attache la conservation des empires et la durée du monde. Il paroît donc qu'au moins dans la constitution actuelle de la plupart des gouvernements, la prudence n'est desirable que dans un très petit nombre de citoyens; que la raison, synonyme du mot de *bon sens*, et vantée par tant de gens, ne mérite que peu d'estime; que la sagesse qu'on lui suppose tient à son inaction; et que son infaillibilité apparente n'est le plus souvent qu'une apathie. J'avouerai cependant que le

blés à ce sujet, n'y virent point de danger. Ils ne prévoyoient pas, disoient-ils, qu'une religion où le célibat étoit l'état le plus parfait pût s'étendre beaucoup.

titre d'homme de bon sens, usurpé par une infinité de gens, ne leur appartient certainement pas.

Si l'on dit de presque tous les sots qu'ils sont gens de bon sens, il en est à cet égard des sots comme des filles laides, qu'on cite toujours comme bonnes. On vante volontiers le mérite de ceux qui n'en ont point ; on les présente sous le côté le plus avantageux, et les hommes supérieurs sous le côté le plus défavorable. Que de gens prodiguent en conséquence les plus grands éloges au bon sens, qu'ils placent et doivent réellement placer au-dessus de l'esprit ! En effet, chacun voulant s'estimer préférablement aux autres, et les gens médiocres se sentant plus près du bon sens que de l'esprit, ils doivent faire peu de cas de celui-ci, le regarder comme un don futile : et de là cette phrase tant répétée par les gens médiocres, *Bon sens vaut mieux qu'esprit et que génie;* phrase par laquelle chacun d'eux veut insinuer qu'au fond il a plus d'esprit qu'aucun de nos hommes célebres.

CHAPITRE XIII.

Esprit de conduite.

L'objet commun du desir des hommes c'est le bonheur; et l'esprit de conduite ne devroit être, en conséquence, que l'art de se rendre heureux. Peut-être s'en seroit-on formé cette idée, si le bonheur n'avoit presque toujours paru moins un don de l'esprit qu'un effet de la sagesse et de la modération de notre caractere et de nos desirs. Presque tous les hommes, fatigués par la tourmente des passions, ou languissant dans le calme de l'ennui, sont comparables, les premiers au vaisseau battu par les tempêtes du nord, et les seconds au vaisseau que le calme arrête au milieu des mers de la zone torride. A son secours l'un appelle le calme, et l'autre les aquilons. Pour naviguer heureusement, il faut être poussé par un vent toujours égal. Mais tout ce que je pourrois dire à cet égard sur le bonheur n'auroit aucun rapport au sujet que je traite.

On n'a jusqu'à présent entendu par *esprit de conduite* que la sorte d'esprit propre à guider aux divers objets de fortune qu'on se propose.

Dans une république telle que la république romaine, et dans tout gouvernement où le peuple est le distributeur des graces, où les honneurs sont le prix du mérite, l'esprit de conduite n'est autre chose que le génie même et le grand talent. Il n'en est pas ainsi dans les gouvernements où les graces sont dans la main de quelques hommes dont la grandeur est indépendante, du bonheur public : dans ces pays, l'esprit de conduite n'est que l'art de se rendre utile ou agréable aux dispensateurs des graces; et c'est moins à son esprit qu'à son caractere qu'on doit communément cet avantage. La disposition la plus favorable et le don le plus nécessaire pour réussir auprès des grands est un caractere pliable à toute sorte de caracteres et de circonstances. Fût-on dépourvu d'esprit, un tel caractere, aidé d'une position favorable, suffit pour faire fortune. Mais, dira-t-on, rien de plus commun que de pareils caracteres : il n'est donc personne qui ne puisse faire fortune et se concilier la bienveillance d'un grand en se faisant ou le ministre de ses plaisirs ou son espion. Aussi le hasard a-t-il grande part à la fortune des hommes. C'est le hasard qui nous fait pere, époux, ami de la beauté qu'on offre et qui plaît à son protecteur ; c'est le hasard qui nous place chez un grand au moment qu'il lui faut un espion. *Quiconque est sans honneur et sans humeur*, disoit M. le duc d'Orléans régent, *est un courtisan parfait.* Conséquemment à cette définition, il faut convenir que le parfait en ce genre n'est rare qu'à l'égard de l'humeur.

Mais si les grandes fortunes sont en général l'œuvre du hasard, et si l'homme n'y contribue qu'en se prêtant aux bassesses et aux fripponneries presque toujours nécessaires pour y parvenir, il faut cependant avouer que l'esprit a quelquefois part à notre élévation. Le premier, par exemple, qui, par l'importunité, s'est fait un protecteur; celui qui, profitant de l'humeur hautaine d'un homme en place, s'est attiré de ces propos brusques qui déshonorent celui qui les prononce, et le forcent à devenir le protecteur de l'offensé; celui-là, dis-je, a porté de l'invention et de l'esprit dans sa conduite. Il en est de même du premier qui s'est apperçu qu'il pouvoit, dans la maison des gens en place, se créer la charge de plastron des plaisanteries, et vendre aux grands à tel prix le droit de le mépriser et de s'en moquer.

Quiconque se sert ainsi de la vanité d'autrui pour arriver à ses fins est doué de l'esprit de conduite. L'homme adroit en ce genre marche constamment à son intérêt, mais toujours sous l'abri de l'intérêt d'autrui. Il est très habile s'il prend, pour arriver au but qu'il se propose, une route qui semble l'en écarter. C'est le moyen d'endormir la jalousie de ses rivaux, qui ne se réveille qu'au moment qu'ils ne peuvent mettre obstacle à ses projets. Que de gens d'esprit, en conséquence, ont joué la folie, se sont donné des ridicules, ont affecté la plus grande médiocrité devant des supérieurs, hélas ! trop faciles à tromper par les gens vils dont le caractere se prête à cette bassesse! Que d'hommes cependant sont en conséquence parvenus à la plus haute fortune, et devoient réellement y parvenir! En effet, tous ceux que n'anime point un amour extrême pour la gloire ne peuvent, en fait de mérite, jamais aimer que leurs inférieurs. Ce goût prend sa source dans une vanité commune à tous les hommes. Chacun veut être loué : or, de toutes les louanges, la plus flatteuse sans contredit est celle qui nous prouve le plus évidemment notre excellence. Quelle reconnoissance ne doit-on pas à ceux qui nous découvrent des défauts qui, sans nous être nuisibles, nous assurent de notre supériorité ! De toutes les flatteries cette flatterie est la plus adroite. A la cour même d'Alexandre, il étoit dangereux de paroître trop grand homme. « Mon fils, fais-toi « petit devant Alexandre », disoit Parménion à Philotas : « ménage-lui « quelquefois le plaisir de te repren- « dre ; et souviens-toi que c'est à ton « infériorité apparente que tu devras « son amitié ». Que d'Alexandres en ce monde portent une haine secrete aux talents supérieurs (1)! L'homme

(1) Tout le monde sait ce trait d'un

médiocre est l'homme aimé. « Monsieur, disoit un pere à son fils, vous réussissez dans le monde, et-vous vous croyez un grand mérite. Pour humilier votre orgueil, sachez à quelles qualités vous devez ces succès : vous êtes né sans vices, sans vertus, sans caractere; vos lumieres sont courtes, votre esprit est borné : que de droits, ô mon fils, vous avez à la bienveillance des hommes ! »

courtisan d'Emmanuel de Portugal. Il est chargé de faire une dépêche : le prince en compose une sur le même sujet, compare les dépêches, trouve celle du courtisan la meilleure ; il le lui dit. Le courtisan ne lui répond que par une profonde révérence, et court prendre congé du meilleur de ses amis : « Il n'y a plus rien à faire pour moi à la cour, lui dit-il ; le roi sait que j'ai plus d'esprit que lui. »

Au reste, quelque avantage que procure la médiocrité et quelque accès qu'elle ouvre à la fortune, l'esprit, comme je l'ai dit plus haut, a quelquefois part à notre élévation. Pourquoi donc le public n'a-t-il aucune estime pour cette sorte d'esprit? C'est, répondrai-je, parcequ'il ignore le détail des manœuvres dont se sert l'intrigant, et ne peut presque jamais savoir si son élévation est l'effet ou de ce qu'on appelle l'esprit de conduite, ou du hasard. D'ailleurs le nombre des idées nécessaires pour faire fortune n'est point immense. Mais, dira-t-on, pour duper les hommes quelle connoissance ne faut-il pas en avoir! L'intrigant, répondrai-je, connoît parfaitement l'homme dont il a besoin, mais ne connoît point les hommes. Entre l'homme d'intrigue et le philosophe on trouve à cet égard la même différence qu'entre le courier et le géographe. Le premier sait peut-être mieux que M. Danville le sentier le plus court pour gagner Versailles, mais il ne connoît certainement pas la surface du globe comme ce géographe. Qu'un intrigant habile ait à parler en public, qu'on le transporte dans une assemblée de peuple; il y sera aussi gauche, aussi déplacé, aussi silencieux, que le seroit auprès des grands le génie supérieur qui, jaloux de connoître l'homme de tous les siecles et de tous les pays, dédaigne la connoissance d'un certain homme en particulier. L'intrigant ne connoît donc point les hommes; et cette connoissance lui seroit inutile. Son objet n'est point de plaire au public, mais à quelques gens puissants, et souvent bornés; trop d'esprit nuiroit à ce dessein. Pour plaire aux gens médioeres, il faut en général se prêter aux erreurs communes, se conformer aux usages, et ressembler à tout le monde. L'esprit élevé ne peut s'abaisser jusques-là : il aime mieux être la digue qui s'oppose au torrent, dût-il en être renversé, que le rameau léger qui flotte au gré des eaux. D'ailleurs l'homme éclairé, avec quelque adresse qu'il se masque, ne ressemble jamais si exactement à un sot qu'un sot se ressemble à lui-même. On est bien plus sûr de soi lorsqu'on prend que lorsqu'on feint de prendre des erreurs pour des vérités.

Le nombre d'idées que suppose l'esprit de conduite n'a donc que peu d'étendue ; mais, en exigeât-il davantage, je dis que le public n'auroit encore aucune sorte d'estime pour cette sorte d'esprit. L'intrigant se fait le centre de la nature ; c'est à son intérêt seul qu'il rapporte tout; il ne fait rien pour le public : s'il parvient aux grandes places, il y jouit de la considération toujours attachée au pouvoir, et sur-tout à la crainte qu'il inspire; mais il ne peut jamais atteindre à la réputation, qu'on doit regarder comme un don de la reconnoissance générale. J'ajouterai même que l'esprit qui le fait parvenir semble tout-à-coup l'abandonner lorsqu'il est parvenu. Il ne s'éleve aux grandes places que pour s'y déshonorer; parcequ'en effet l'esprit d'intrigue nécessaire pour y parvenir n'a rien de commun avec l'esprit d'étendue, de force et de profondeur, nécessaire pour les remplir dignement. D'ailleurs l'esprit de conduite ne s'allie qu'avec une certaine bassesse de caractere qui rend encore l'intrigant méprisable aux yeux du public.

Ce n'est pas qu'on ne puisse à beaucoup d'intrigue unir beaucoup d'élévation d'ame. Qu'à l'exemple de Cromwel un homme veuille monter au trône; la puissance, l'éclat de la couronne, et les plaisirs attachés à l'empire, peuvent sans doute à ses yeux ennoblir la bassesse de ses menées, puisqu'ils effacent déja l'horreur de ses crimes aux yeux de la postérité qui le place au rang des grands hommes: mais que, par une infinité d'intrigues, un homme cherche à s'élever à ces petits postes qui ne peuvent jamais lui mériter, s'il est cité dans l'histoire, que le nom de coquin ou de fripponneau; je dis qu'un pareil homme se rend méprisable non seulement aux yeux des gens honnêtes, mais encore à ceux des gens éclairés. Il faut être un petit homme pour desirer de petites choses. Quiconque se trouve au-dessus des besoins, sans être par son état porté aux premiers postes, ne peut avoir d'autre besoin que celui de la gloire, et n'a d'autre parti à prendre, s'il est homme d'esprit, que de se montrer toujours vertueux.

L'intrigant doit donc renoncer à l'estime publique. Mais, dira-t-on, il en est bien dédommagé par le bonheur attaché à la grande fortune. L'on se trompe, répondrai-je, si on le croit heureux. Le bonheur n'est point l'apanage des grandes places; il dépend uniquement de l'accord heureux de notre caractere avec l'état et les circonstances dans lesquelles la fortune nous place. Il en est des hommes comme des nations; les plus heureuses ne sont pas toujours celles qui jouent le plus grand rôle dans l'univers. Quelle nation plus fortunée que la nation suisse? A l'exemple de ce peuple sage, l'heureux ne bouleverse point le monde par ses intrigues; content de lui, il s'occupe peu des autres; il ne se trouve point sur la route de l'ambitieux; l'étude remplit une partie de ses journées; il vit peu connu; et c'est l'obscurité de son bonheur qui seule en fait la sûreté. Il n'en est pas ainsi de l'intrigant; on lui vend cher les titres dont on le décore. Que n'exige point un protecteur ! Le sacrifice perpétuel de la volonté des petits est le seul hommage qui le flatte. Semblable à Saturne, à Moloch, à Teutatès, s'il l'osoit, il ne voudroit être honoré que par des sacrifices humains. La peine qu'endure le protégé est un spectacle agréable au protecteur; ce spectacle l'avertit de sa puissance; il en conçoit une plus haute idée de lui-même. Aussi n'est-ce qu'à des attitudes gênantes que la plupart des nations ont attaché le signe du respect. Quiconque veut par l'intrigue s'ouvrir le chemin de la fortune doit donc se dévouer aux humiliations. Toujours inquiet, il ne peut d'abord appercevoir le bonheur que dans la perspective d'un avenir incertain; et c'est de l'espérance, ce rêve consolateur des hommes éveillés et malheureux, qu'il peut attendre sa félicité. Lorsqu'il est parvenu, il a donc essuyé mille dégoûts. C'est pour s'en venger, qu'ordinairement dur et cruel envers les malheureux, il leur refuse son assistance, leur fait un tort de leur misere, la leur reproche, et croit par ce reproche faire regarder son inhumanité comme une justice et sa fortune comme un mérite. Il ne jouit point à la vérité du plaisir de persuader. Comment s'assurer que la fortune d'un homme est l'effet de cette espece d'esprit que l'on nomme *esprit de conduite*, sur-tout dans ces pays entièrement despotiques où du plus vil esclave on fait un visir, où les fortunes dépendent de la volonté du prince, et d'un caprice momentané dont lui-même n'apperçoit pas toujours la cause? Les motifs qui dans ces cas déterminent les sultans sont presque toujours cachés : les historiens ne rapportent que les motifs apparents ; ils ignorent les véritables ; et c'est à cet égard qu'on peut, d'après M. de Fontenelle, assurer que l'*histoire n'est qu'une fable convenue*.

Dans une comparaison de César et de Pompée, si Balzac dit, en parlant de leur fortune,

L'un en est l'ouvrier, et l'autre en est l'ouvrage,

il faut avouer qu'il est peu de Césars ; et que, dans les gouvernements arbitraires, le hasard est presque l'unique dieu de la fortune. Tout y dépend du moment et des circonstances dans lesquelles on se trouve placé; et c'est peut-être ce qui dans l'orient a le plus accrédité le dogme de la fatalité. Selon les musulmans, la destinée tient tout sous son empire; elle met les rois sur le trône, les en chasse, remplit leur regne d'évènements heureux ou malheureux, et fait la félicité ou l'infortune de tous les mortels. Selon eux, la sagesse et la folie, les vices et les vertus d'un homme ne changent rien aux décrets gravés sur les tables de lumiere(1). C'est pour prouver ce

(1) Les musulmans croient que tout ce qui doit arriver jusqu'à la fin du monde est écrit sur une table de lumiere appelée *louh*, avec une plume de feu appelée *calam-azer*; et l'écriture qui est au-dessus se nomme *caza* ou *cadar*, c'est-à-dire *la prédestination inévitable.*

dogme, et montrer qu'en conséquence le plus criminel n'est pas toujours le plus malheureux, et que l'un marche au supplice par la route qui mene l'autre à la fortune, que les Indiens mahométans racontent une fable assez singuliere.

Le besoin, disent-ils, assembla jadis un certain nombre d'hommes dans les déserts de la Tartarie. Privés de tout, dit l'un, nous avons droit à tout. La loi qui nous dépouilla du nécessaire pour augmenter le superflu de quelques rajahs est une loi injuste. Rompons avec l'injustice. Il n'est plus de traité où l'avantage cesse d'être réciproque. Il faut ravir à nos oppresseurs les biens qu'ils nous ont ravis. A ces mots l'orateur se tait: l'assemblée, en frémissant, applaudit à ce discours: le projet est noble; on veut l'exécuter. On se divise sur les moyens. Les plus braves se levent les premiers. La force, disent-ils, nous a tout enlevé; c'est par la force qu'il faut tout recouvrer. Si nos rajahs ont par leurs vexations arraché jusqu'au nécessaire au sujet même qui leur prodigue ses biens, sa vie et ses peines, pourquoi refuser à nos besoins ce que des tyrans permettent à leur injustice? Aux confins de ces régions, les bachas, par les presents qu'ils exigent, partagent le profit des caravanes; ils pillent des hommes enchaînés par leur puissance et par la crainte. Moins injustes et plus braves qu'eux, attaquons des hommes armés; que la valeur en décide, et que nos richesses soient du moins le prix d'une vertu. Nous y avons droit. Le ciel, par le don de la bravoure, désigne ceux qu'il veut arracher aux fers de la tyrannie. Que le laboureur, sans force, sans courage, seme, laboure, recueille; c'est pour nous qu'il a moissonné.

Ravageons, pillons les nations. Nous y consentons tous, s'écrierent ceux qui, plus spirituels et moins hardis, craignoient de s'exposer aux dangers: mais ne devons rien à la force, et tout à l'imposture. Recevons sans péril des mains de la crédulité ce que peut-être en vain nous tenterions d'arracher par la force. Revêtons-nous du nom et de l'habit de bonzes ou de bramines, et parcourons la terre; nous la verrons, empressée, fournir à nos besoins, et même à nos plaisirs secrets.

Ce parti parut lâche et bas aux ames fieres et courageuses. Divisée d'opinion, l'assemblée se sépare. Les uns se répandent dans l'Inde, le Thibet, et les confins de la Chine. Leur front est austere, et leur corps macéré. Ils en imposent aux peuples, les enseignent, les persuadent, divisent les familles, font déshériter les enfants, s'en appliquent les biens. On leur cede des terrains, on y construit des temples, on y attache des revenus. Ils empruntent le bras du puissant pour plier l'homme éclairé au joug de la superstition. Ils soumettent enfin tous les esprits, en tenant le sceptre soigneusement caché sous les haillons de la misere et les cendres de la pénitence.

Pendant ce temps leurs anciens et braves compagnons, retirés dans les déserts, surprennent les caravanes, les attaquent à main armée, les pillent, et partagent entre eux le butin. Un jour, où sans doute le combat n'avoit point tourné à leur avantage, on saisit un de ces brigands, on le conduit à la ville la plus prochaine, on dresse l'échafaud, on le mene au supplice. Il y marchoit d'un pas assuré, lorsqu'il trouve sur son passage, et reconnoît sous l'habit de bramine, un de ceux qui s'étoient séparés de lui dans le désert. Le peuple, avec respect, entouroit le bramine, et le portoit dans sa pagode. Le brigand s'arrête à son aspect : Dieux justes! s'écrie-t-il ; égaux en crimes, quelle différence entre nos destinées! Que dis-je? égaux en crimes! En un jour il a, sans crainte, sans danger, sans courage, plus fait gémir de veuves et d'orphelins, plus enlevé de richesses à l'empire, que je n'en ai pillé dans le cours de ma vie. Il eut toujours deux vices plus que moi, la lâcheté et l'imposture. Cependant l'on me traite de scélérat, on l'honore comme un saint; l'on me traîne à l'échafaud, on le porte dans sa pagode; l'on m'empale, on l'adore.

C'est ainsi que les Indiens prouvent qu'il n'y a qu'heur et malheur en ce monde.

CHAPITRE XIV.

Des qualités exclusives de l'esprit et de l'ame.

Mon objet, dans les chapitres précédents, étoit d'attacher des idées nettes aux divers noms donnés à l'esprit : je me propose d'examiner dans celui-ci s'il est des talents qui doivent s'exclure l'un l'autre. Cette question, dira-t-on, est décidée par le fait. On n'est point à-la-fois supérieur en plusieurs genres. Newton n'est pas compté parmi les poëtes, ni Milton parmi les géometres; les vers de Leibnitz sont mauvais; il n'est pas même d'homme qui, dans un seul art, tel que la poésie ou la peinture, ait réussi dans tous les genres. Corneille et Racine n'ont rien fait dans le comique de comparable à Moliere. Michel-Ange n'a pas composé les tableaux de l'Albane, ni l'Albane peint ceux de Jules-Romain. L'esprit des plus grands hommes paroît donc renfermé dans d'étroites limites. Oui sans doute. Mais, répondrai-je, quelle en est la cause? Est-ce le temps, est-ce l'esprit qui manque aux hommes pour s'illustrer en différents genres?

La marche de l'esprit humain, dira-t-on, doit être la même dans tous les arts et toutes les sciences ; toutes les opérations de l'esprit se réduisent à connoître les ressemblances et les différences qu'ont entre eux les objets divers. C'est donc par l'observation qu'on s'éleve en tous les genres jusqu'aux idées neuves et générales qui constatent notre supériorité. Tout grand physicien, tout grand chymiste, auroit donc pu devenir grand géometre, grand astronome, grand politique, et primer enfin dans toutes les sciences. Ce fait posé, l'on conclura sans doute que c'est la trop courte durée de la vie humaine qui force les esprits supérieurs à se renfermer dans un seul genre.

Il faut cependant convenir qu'il est des talents et des qualités qu'on ne possede qu'à l'exclusion de quelques autres. Parmi les hommes, les uns sont sensibles à la passion de la gloire, et ne sont susceptibles d'aucune autre espece de passions : ceux-là peuvent exceller dans la physique, dans la jurisprudence, la géométrie, enfin dans toutes les sciences où il ne s'agit que de comparer des idées entre elles;

toute autre passion ne feroit que les distraire, ou les précipiter dans des erreurs. Il est d'autres hommes susceptibles non seulement de la passion de la gloire, mais encore d'une infinité d'autres passions : ceux-là peuvent se faire un nom dans les divers genres où pour réussir il faut émouvoir.

Tel est, par exemple, le genre dramatique. Mais, pour être peintre des passions, il faut, comme je l'ai déja dit, les avoir vivement senties. On ignore, et le langage des passions qu'on n'a point éprouvées, et les sentiments qu'elles excitent en nous. Aussi l'ignorance en ce genre produit toujours la médiocrité. Si M. de Fontenelle eût eu à peindre les caracteres de Rhadamiste, de Brutus, ou de Catilina, ce grand homme seroit certainement en ce genre resté fort au-dessous du médiocre. Ces principes établis, j'en conclus que la passion de la gloire est commune à tous les hommes qui se distinguent en quelque genre que ce soit, puisqu'elle seule, comme je l'ai prouvé, peut nous faire supporter la fatigue de penser. Mais cette passion, selon les circonstances où la fortune nous place, peut s'unir en nous à d'autres passions. Les hommes dans lesquels cette union se fait n'auront jamais de grands succès s'ils s'adonnent à l'étude d'une science, telle, par exemple, que la morale, où, pour bien voir, il faut voir d'un œil attentif, mais indifférent : en ce genre, c'est l'indifférence qui tient en main la balance de la justice. Dans les contestations, ce ne sont point les parties, c'est l'indifférent qu'on prend pour juge. Quel homme, par exemple, s'il est capable d'un amour violent, saura comme M. de Fontenelle, apprécier le crime de l'infidélité ? « Dans un âge, « disoit ce philosophe, où j'étois le « plus amoureux, ma maîtresse me « quitte, et prend un autre amant. « Je l'apprends, je suis furieux ; je « vais chez elle, je l'accable de re- « proches : elle m'écoute, et me dit « en riant : Fontenelle, lorsque je « vous pris, c'étoit sans contredit le « plaisir que je cherchois : j'en trouve « plus avec un autre. Est-ce au moin- « dre plaisir que je dois donner la « préférence ? Soyez juste, et répon- « dez-moi ». — « Ma foi, dit Fonte- « nelle, vous avez raison ; et, si je « ne suis plus votre amant, je veux « du moins rester votre ami ». Une pareille réponse supposoit peu d'amour dans M. de Fontenelle. Les passions ne raisonnent point si juste.

On peut donc distinguer deux genres

différents de sciences et d'arts, dont le premier suppose une ame exempte de toute autre passion que celle de la gloire; et le second, au contraire, suppose une ame susceptible d'une infinité de passions. Il est donc des talents exclusifs. L'ignorance de cette vérité est la source de mille injustices. On desire en conséquence dans les hommes des qualités contradictoires; on leur demande l'impossible : on veut que la pierre jetée reste suspendue dans les airs, et n'obéisse point à la loi de la gravitation.

Qu'un homme, par exemple, tel que M. de Fontenelle, contemple sans aigreur la méchanceté des hommes, qu'il la considere comme un effet nécessaire de l'enchaînement universel; qu'il s'éleve contre le crime sans haïr le criminel : on vantera sa modération, et dans le même instant on l'accusera, par exemple, de trop de tiédeur dans l'amitié. On ne sent pas que cette même absence de passions, à laquelle il doit la modération dont on le loue, doit le rendre moins sensible aux charmes de l'amitié.

Rien de plus commun que d'exiger dans les hommes des qualités contradictoires. L'amour aveugle du bonheur excite en nous ce desir. On veut être toujours heureux, et par conséquent que les mêmes objets prennent à chaque instant la forme qui nous seroit la plus agréable. On a vu diverses perfections éparses dans différents objets; on veut les retrouver réunies dans un seul, et goûter à-la-fois mille plaisirs. Pour cet effet on veut que le même fruit ait l'éclat du diamant, l'odeur de la rose, la saveur de la pêche, et la fraîcheur de la grenade. C'est donc l'amour aveugle du bonheur, source d'une infinité de souhaits ridicules, qui nous fait desirer dans les hommes des qualités absolument inalliables. Pour détruire en nous ce germe de mille injustices, il faut nécessairement traiter ce sujet avec quelque étendue. C'est en indiquant, conformément à l'objet que je me propose, et les qualités absolument exclusives, et celles qui se trouvent trop rarement réunies dans le même homme pour qu'on soit en droit de les y desirer, qu'on peut rendre à-la-fois les hommes plus éclairés et plus indulgents.

Un pere veut qu'à de grands talents son fils joigne la conduite la plus sage. Mais sentez-vous, lui dirai-je, que vous desirez dans votre fils des qualités presque contradictoires ? Sachez que, si quelque concours singulier de circonstances les a quelquefois rassemblées dans le même homme, elles s'y réunissent très rarement; que les grands talents supposent toujours de grandes passions ; que les grandes passions sont le germe de mille écarts ; et qu'au contraire ce qu'on appelle bonne conduite est presque toujours l'effet de l'absence des passions, et par conséquent l'apanage de la médiocrité. Il faut de grandes passions pour faire du grand en quelque genre que ce soit. Pourquoi voit-on tant de pays stériles en grands hommes ? Pourquoi tant de petits Catons, si merveilleux dans leur première jeunesse, ne sont-ils communément dans un âge avancé que des esprits médiocres ? Par quelle raison enfin tout est-il plein de jolis enfants et de sots hommes ? C'est que, dans la plupart des gouvernements, les citoyens ne sont pas échauffés de passions fortes. Eh bien ! je consens, dira le pere, que mon fils en soit animé; il me suffit d'en pouvoir diriger l'activité vers certains objets d'étude. Mais sentez-vous, lui répondrai-je, combien ce desir est hasardeux? C'est vouloir qu'avec de bons yeux un homme n'apperçoive précisément que les objets que vous lui indiquerez. Avant que de former aucun plan d'éducation, il faut être d'accord avec vous-même, et savoir ce que vous desirez le plus dans votre fils, ou des grands talents, ou de la conduite sage. Est-ce à la bonne conduite que vous donnez la préférence? Croyez qu'un caractere passionné seroit pour votre fils un don funeste, sur-tout chez les peuples où par la constitution du gouvernement les passions ne sont pas toujours dirigées vers la vertu: étouffez donc en lui, s'il est possible, tous les germes des passions. Mais il faudra donc, répliquera le pere, renoncer en même temps à l'espoir d'en faire un homme de mérite? Oui, sans doute. Si vous ne pouvez vous y résoudre, rendez-lui des passions, tâchez de les diriger aux choses honnêtes; mais attendez-vous à lui voir exécuter de grandes choses, et quelquefois commettre les plus grandes fautes. Rien de médiocre dans l'homme passionné; et c'est le hasard qui détermine presque toujours ses premiers pas. Si les hommes passionnés s'illustrent dans les arts, si les sciences conservent sur eux quelque empire, et si quelquefois ils tiennent une conduite sage, il n'en est pas ainsi de ces hommes passionnés que leur naissance, leur caractere, leurs dignités, et leurs richesses, appellent aux premiers postes du monde. La bonne ou mauvaise conduite de ceux-ci est

presque entièrement soumise à l'empire du hasard : selon les circonstances dans lesquelles il les place, et le moment qu'il marque à leur naissance, leurs qualités se changent en vices ou en vertus. Le hasard en fait à son gré des Appius ou des Décius. Dans la tragédie de M. de Voltaire, César dit :
« Si je n'étois le maître des Romains,
« je serois leur vengeur :

« Si je n'étois César, j'aurois été Brutus. »

Mettez dans le fils d'un tonnelier de l'esprit, du courage, de la prudence, et de l'activité : chez des républicains, où le mérite militaire ouvre la porte des grandeurs, vous en ferez un Thémistocle, un Marius (1) ; à Paris, vous n'en ferez qu'un Cartouche.

(1) Lu-cong-pang, fondateur de la dynastie des Han, fut d'abord chef de voleurs : il s'empare d'une place, s'attache au service de T-cou, devient général des

Qu'un homme hardi, entreprenant, et capable d'une résolution désespérée, naisse au moment où, ravagé par des ennemis puissants, l'état paroît sans ressource; si le succès favorise ses entreprises, c'est un demi-dieu; dans tout autre moment, ce n'est qu'un furieux ou un insensé.

C'est à ces termes si différents que nous conduisent souvent les mêmes passions. Voilà le danger auquel s'expose le pere dont les enfants sont susceptibles de ces passions fortes qui si souvent changent la face du monde.

armées, défait les T-sin, se rend maître de plusieurs villes, prend le titre de roi, combat, désarme les princes révoltés contre l'empire; par sa clémence plus que par sa valeur il rétablit le calme dans la Chine, est reconnu empereur, et cité dans l'histoire des Chinois comme un de leurs princes les plus illustres.

C'est dans ce cas la convenance de leur esprit et de leur caractere avec la place qu'ils occupent qui les fait ce qu'ils sont. Tout dépend de cette convenance. Parmi ces hommes ordinaires qui, par des services importants, ne peuvent se rendre utiles à l'univers, se couronner de gloire, ni prétendre à l'estime générale, il n'en est aucun qui ne fût utile à ses concitoyens, et qui n'eût droit à leur reconnoissance, s'il étoit précisément placé dans le poste qui lui convient. C'est à ce sujet que la Fontaine a dit :

Un roi prudent et sage
De ses moindres sujets sait tirer quelque usage.

Supposons, pour en donner un exemple, qu'il vaque une place de confiance : il y faut nommer. Elle demande un homme sûr. Celui qu'on présente a peu d'esprit, de plus il est paresseux. N'importe, dirai-je au nominateur ; donnez-lui la place. La bonne conscience est souvent paresseuse; l'activité, lorsqu'elle n'est point l'effet de l'amour de la gloire, est toujours suspecte ; le frippon, toujours agité de remords et de craintes, est sans cesse en action. La vigilance, dit Rousseau, est la vertu du vice.

On est prêt à disposer d'une place : elle exige de l'assiduité. Celui qu'on propose est maussade, ennuyeux, à charge à la bonne compagnie : tant mieux ; l'assiduité sera la vertu de sa maussaderie.

Je ne m'étendrai pas davantage sur ce sujet ; et je conclurai de ce que j'ai dit ci-dessus, qu'un pere, en exigeant qu'aux plus grands talents ses fils joignent la conduite la plus sage, demande qu'ils aient en eux le principe des écarts de conduite, et qu'ils n'en fassent aucuns.

Non moins injuste envers les despotes que le pere envers ses fils, dans tout l'orient est-il un peuple qui n'exige de ses sultans et beaucoup de vertus et sur-tout beaucoup de lumieres? Cependant quelle demande plus injuste? Ignorez-vous, diroit-on à ces peuples, que les lumieres sont le prix de beaucoup d'études et de méditations? L'étude et la méditation sont une peine: on fait donc tous ses efforts pour s'y soustraire; on doit donc céder à sa paresse si l'on n'est animé d'un motif assez puissant pour en triompher. Quel peut être ce motif? le desir seul de la gloire. Mais ce desir, comme je l'ai prouvé dans le troisieme discours, est lui-même fondé sur le desir des plaisirs physiques, que la gloire et l'estime générale procurent. Or, si le sultan, en qualité de despote, jouit de tous les plaisirs que la gloire peut promettre aux autres hommes, le sultan est donc sans desirs : rien ne peut donc allumer en lui l'amour de la gloire; il n'a donc point de motif suffisant pour se risquer à l'ennui des affaires, et s'exposer à cette fatigue d'attention nécessaire pour s'éclairer. Exiger de lui des lumieres, c'est vouloir que les fleuves remontent à leur source, et demander un effet sans cause. Toute l'histoire justifie cette vérité. Qu'on ouvre celle de la Chine, on y voit les révolutions se succéder rapidement les unes aux autres. Le grand homme qui s'éleve à l'empire a pour ses successeurs des princes nés dans la pourpre, qui, pour s'illustrer, n'ayant point les motifs puissants de leur pere, s'endorment sur le trône; et, dès la troisieme génération, la plupart en descendent, sans avoir souvent à se reprocher

d'autre crime que celui de la paresse. Je n'en rapporterai qu'un exemple (1). Li-t-ching, homme d'une naissance obscure, prend les armes contre l'empereur T-cong-ching, se met à la tête des mécontents, leve une armée, marche à Peking, et le surprend. L'impératrice et les reines s'étranglent; l'empereur poignarde sa fille; il se retire dans un endroit écarté de son palais: c'est là qu'avant de se donner la mort il écrit ces paroles sur un pan de sa robe: « J'ai régné dix-sept ans; je suis
« détrôné; et je ne vois dans ce mal-
« heur qu'une punition du ciel, jus-
« tement irrité de mon indolence. Je
« ne suis cependant pas le seul cou-
« pable; les grands de ma cour le
« sont encore plus que moi. Ce sont

(1) Voyez l'*Histoire des Huns*, par M. de Guignes, tome I, page 74.

« eux qui, me dérobant la connois-
« sance des affaires de l'empire, ont
« creusé l'abyme où je tombe. De
« quel front oserai-je paroître devant
« mes ancêtres ? Comment soutenir
« leurs reproches ? Ô vous qui me
« réduisez à cet état affreux, prenez
« mon corps, mettez-le en pieces,
« j'y consens ; mais épargnez mon
« pauvre peuple : il est innocent, et
« déja assez malheureux de m'avoir
« eu si long-temps pour maître ».
Mille traits pareils, répandus dans
toutes les histoires, prouvent que la
mollesse commande à presque tous
ceux qui naissent armés du pouvoir
arbitraire. L'atmosphere répandue autour des trônes despotiques et des
souverains qui s'y asseyent semble
remplie d'une vapeur léthargique qui
saisit toutes les facultés de leur ame.
Aussi ne compte-t-on guere parmi les

grands rois que ceux qui se fraient la route du trône, ou qui se sont long-temps instruits à l'école du malheur. On ne doit ses lumieres qu'à l'intérêt qu'on a d'en acquérir.

Pourquoi les petits potentats sont-ils en général plus habiles que les despotes les plus puissants ? C'est qu'ils ont, pour ainsi dire, encore leur fortune à faire; c'est qu'ils ont, avec de moindres forces, à résister à des forces supérieures ; c'est qu'ils vivent dans la crainte perpétuelle de se voir dépouillés ; c'est que leur intérêt, plus étroitement lié à l'intérêt de leurs sujets, doit les éclairer sur les diverses parties de la législation. Aussi sont-ils en général infiniment plus occupés du soin de former des soldats, de contracter des alliances, de peupler et d'enrichir leurs provinces; aussi pourroit-on, conséquemment à ce que je viens de dire, dresser dans les divers empires de l'orient des cartes géographi-politiques du mérite des princes. Leur intelligence, mesurée sur l'échelle de leur puissance, décroîtroit proportionnément à l'étendue, à la force de leur empire, à la difficulté d'y pénétrer, enfin à l'autorité plus ou moins absolue qu'ils auroient sur leurs sujets, c'est-à-dire à l'intérêt plus ou moins pressant qu'ils auroient d'être éclairés. Cette table, une fois calculée, et comparée à l'observation, donneroit certainement des résultats assez justes : les sophis et les mogols y seroient mis, par exemple, au nombre des princes les plus stupides, parceque, sauf des circonstances singulieres ou le hasard d'une bonne éducation, les plus puissants d'entre les hommes en doivent communément être les moins éclairés.

Exiger qu'un despote d'orient s'occupe du bonheur de ses peuples; que, d'une main forte et d'un bras assuré, il tienne le gouvernail de l'empire; ce seroit, avec le bras de Ganymede, vouloir lancer la massue d'Hercule. Supposons qu'un Indien fît à cet égard quelques reproches à son sultan. De quoi te plains-tu? lui répondroit celui-ci. As-tu pu sans injustice exiger que je fusse plus éclairé que toi-même sur tes propres intérêts? Quand tu m'as revêtu du pouvoir suprême, pouvois-tu croire qu'oubliant les plaisirs pour le pénible honneur de te rendre heureux, mes successeurs et moi ne jouirions pas des avantages attachés à la toute-puissance? Tout homme s'aime de préférence aux autres; tu le sais. Exiger que, sourd à la voix de ma paresse, au cri de mes passions, je les sacrifie à tes intérêts, c'est vouloir le renversement de la nature. Comment imaginer que, pouvant tout, je ne voudrois jamais que la justice? L'homme amoureux de l'estime publique, diras-tu, use autrement de son pouvoir. J'en conviens. Mais que m'importe à moi l'estime publique et la gloire? Est-il un plaisir accordé aux vertus, et refusé à la puissance? D'ailleurs les hommes passionnés pour la gloire sont rares, et ce n'est pas une passion qui passe jusqu'à leurs successeurs. Il falloit le prévoir, et sentir qu'en m'armant du pouvoir arbitraire tu rompois le nœud d'une mutuelle dépendance qui lie le souverain au sujet, et que tu séparois mon intérêt du tien. Imprudent, qui me remets le sceptre du despotisme; lâche, qui n'oses me l'arracher, sois à-la-fois puni de ton imprudence et de ta lâcheté: sache que si tu respires c'est que je le permets : apprends que chaque instant de ta vie est une grace. Vil esclave, tu nais, tu vis pour mes plaisirs. Courbé sous le poids de ta chaîne, rampe à mes pieds, languis dans la misere, meurs ; je te défends jusqu'à la plainte : tel est mon bon plaisir.

Ce que je dis des sultans peut en partie s'appliquer à leurs ministres : leurs lumieres sont en général proportionnées à l'intérêt qu'ils ont d'en avoir. Dans les pays où le cri public peut les déposer, les grands talents leur sont nécessaires ; ils en acquierent. Chez les peuples, au contraire, où le public n'a ni crédit ni considération, ils se livrent à la paresse, et se contentent de l'espece de mérite qui fait fortune à la cour ; mérite absolument incompatible avec les grands talents, par l'opposition qui se trouve entre l'intérêt des courtisans et l'intérêt général. Il en est à cet égard des ministres comme des gens de lettres. C'est une prétention ridicule de viser à-la-fois à la gloire et aux pensions. Avant de composer il faut presque toujours opter entre l'estime publique et celle des courtisans. Il faut savoir que, dans la plupart des cours, et sur-tout dans celles de l'orient, les hommes y sont dès l'enfance emmaillottés et gênés dans les langes du préjugé et d'une bienséance arbitraire; que la plupart des esprits y sont noués; qu'ils ne peuvent s'élever au grand; que tout homme qui naît et vit habituellement près des trônes despotiques ne peut à cet égard échapper à la contagion générale, et qu'il n'a jamais que de petites idées.

Aussi le vrai mérite vit-il loin des palais des rois. Il n'en approche que dans ces temps malheureux où les princes sont forcés de les appeler. Dans tout autre instant, le besoin seul pourroit attirer à la cour des gens de mérite; et, dans cette position, il en est peu qui conservent la même force, la même élévation d'ame et d'esprit. Le besoin est trop près du crime.

Il résulte de ce que je viens de dire que c'est exactement demander l'impossible que d'exiger de grands talents de ceux qui, par leur état et leur position, ne peuvent être animés de passions fortes. Mais que de demandes pareilles ne fait-on pas tous les jours! On crie contre la corruption des mœurs; il faut, dit-on, former des hommes vertueux : et l'on veut à-la-fois que les citoyens soient échauffés de l'amour de la patrie, et qu'ils voient en silence les malheurs qu'occasionne une mauvaise législation! On ne sent pas que c'est exiger d'un avare qu'il ne crie point au voleur lorsqu'on enleve sa cassette. On n'apperçoit pas qu'en certains pays ce qu'on appelle les gens sages ne peuvent jamais être que des gens indifférents au bien public, et par conséquent des hommes sans vertus. C'est, comme je vais le prouver dans le chapitre suivant, avec une injustice pareille qu'on demande aux hommes des talents et des qualités que des habitudes contraires rendent, pour ainsi dire, inalliables.

CHAPITRE XV.

De l'injustice du public à cet égard.

On exigera qu'un écuyer, habitué à diriger la pointe du pied vers l'oreille de son cheval, soit aussi bien tourné qu'un danseur de l'opéra; on voudra qu'un philosophe, uniquement occupé d'idées fortes et générales, écrive comme une femme du monde, ou même qu'il lui soit supérieur dans un genre, tel par exemple que le genre épistolaire, où, pour bien écrire, il faut dire des riens d'une maniere agréable. On ne sent pas que c'est demander la réunion de talents presque exclusifs; qu'il n'est point de femme d'esprit, comme l'expérience le prouve, qui n'ait à cet égard une grande supériorité sur les philosophes les plus célebres. C'est avec la même injustice qu'on exige qu'un homme qui n'a jamais lu ni étudié, et qui a passé trente ans de sa vie dans la dissipation, devienne tout-à-coup capable d'étude et de méditation. On devroit cependant savoir que c'est à l'habitude de la méditation qu'on doit la capacité de méditer; que cette même capacité se perd lorsqu'on cesse d'en faire usage. En effet, qu'un homme, quoique dans l'habitude du travail et de l'application, se trouve tout-à-coup chargé d'une trop grande partie de l'administration, mille objets différents passeront rapidement devant lui: s'il ne peut jeter sur chaque affaire qu'un coup-d'œil superficiel, il faut par cette seule raison qu'au bout d'un certain temps cet homme devienne incapable d'une longue et forte attention. Aussi n'est-on pas en droit d'exiger de l'homme en place une semblable attention. Ce n'est point à lui à percer jusqu'aux premiers principes de la morale et de la politique ; à découvrir, par exemple, jusqu'à quel degré le luxe est utile, quels changements ce luxe doit apporter dans les mœurs et les états, quelle espece de commerce il faut le plus encourager, par quelles lois on peut dans la même nation concilier l'esprit de commerce avec l'esprit militaire, et la rendre à-la-fois riche au dedans et redoutable au dehors. Pour résoudre de pareils problêmes il faut le loisir et l'habitude de méditer. Or comment penser beaucoup quand il faut beaucoup exécuter ? On ne doit donc pas demander à l'homme en place cet esprit d'invention qui suppose de grandes méditations. Ce qu'on est en droit d'exiger de lui, c'est un esprit juste, vif, pénétrant, et qui, dans les matieres débattues par les politiques et les philosophes, soit frappé du vrai, le saisisse avec force, et soit assez fertile en expédients pour porter jusqu'à l'exécution les projets qu'il adopte. C'est par cette raison qu'il doit à ce genre d'esprit joindre un caractere ferme, une constance à toute épreuve. Le peuple n'est pas toujours assez reconnoissant des biens que lui font les gens en place : ingrat par ignorance, il ne sait point tout ce qu'il faut de courage pour faire le bien, et triompher des obstacles que l'intérêt personnel met au bonheur général (1). Aussi le courage éclairé par la pro-

(1) Au moment qu'on venoit de nommer un ministre, un des premiers commis

bité est-il le principal mérite des gens en place. Vainement se flatteroit-on de trouver en eux un certain fonds de connoissances; ils ne peuvent en avoir de profondes que sur les matieres qu'ils ont méditées avant que de parvenir aux grands emplois : or ces matieres sont nécessairement en petit nombre. Qu'on suive, pour s'en convaincre, la vie de ceux qui se destinent aux

de Versailles, homme de beaucoup d'esprit, lui dit : « Vous aimez le bien; vous
« êtes maintenant à portée de le faire.
« On vous présentera mille projets utiles
« au public; vous en desirerez la réus-
« site : gardez-vous cependant de rien
« entreprendre avant d'examiner si l'exé-
« cution de ces projets demande peu de
« fonds, peu de soins, et peu de probité.
« Si l'argent qu'exige la réussite d'un de
« ces projets est considérable, les af-
« faires qui vous surviendront ne vous

grandes places. Ils sortent à seize ou dix-sept ans du college, apprennent à monter à cheval, à faire leurs exercices; ils passent deux ou trois ans tant dans les académies qu'aux écoles de droit. Le droit fini, ils achetent une charge. Pour remplir cette charge il n'est pas nécessaire de s'instruire du droit de nature, du droit des gens, du droit public, mais consacrer tout

« permettront pas d'y appliquer les fonds
« nécessaires, et vous perdrez votre mise.
« Si le succès dépend de la vigilance et
« de la probité de ceux que vous em-
« ploierez, craignez qu'on ne vous force
« la main sur le choix des sujets. Songez
« d'ailleurs que vous allez être entouré
« de frippons; qu'il faut un coup-d'œil
« bien sûr pour les reconnoître, et que
« la premiere, mais en même temps la
« plus difficile science d'un ministre, est
« la science des choix. »

son temps à l'examen de quelques procès particuliers. Ils passent de là au gouvernement d'une province, où, surchargés par le détail journalier, et fatigués par les audiences, ils n'ont pas le temps de méditer. Ils montent ensuite à des places supérieures, et ne se trouvent enfin, après trente ans d'exercice, que le même fonds d'idées qu'ils avoient à vingt ou vingt-deux ans. Sur quoi j'observerai que des voyages faits chez les nations voisines, et dans lesquels ils compareroient les différences dans la forme du gouvernement, dans la législation, le génie, le commerce et les mœurs des peuples, seroient peut-être plus propres à former des hommes d'état que l'éducation actuelle qu'on leur donne. C'est par l'article des *hommes de génie* que je finirai ce chapitre, parceque c'est principalement en eux qu'on desire des talents et des qualités exclusives.

Deux causes également puissantes nous portent à cette injustice; l'une, comme je l'ai dit plus haut, est l'amour aveugle de notre bonheur; et l'autre, c'est l'envie.

Qui n'a pas condamné dans le cardinal de Richelieu cet amour excessif de gloire qui le rendoit avide de toute espece de succès? Qui ne s'est point moqué de l'ardeur avec laquelle, si l'on en croit Dumaurier (1), il desiroit la canonisation, et de l'ordre donné en conséquence à ses confesseurs de publier par-tout qu'il n'avoit jamais péché mortellement? Enfin qui n'a point ri d'apprendre que, dans ce même instant, épris du desir d'excel-

(1) Voyez ses *Mémoires pour servir à l'histoire de la Hollande*, à l'article de GROTIUS.

ler dans la poésie comme dans la politique, ce cardinal faisoit demander à Corneille de lui céder *le Cid?* C'étoit cependant à cet amour de la gloire, tant de fois condamné, qu'il devoit ses grands talents pour l'administration. Si depuis on n'a point vu de ministre prétendre à tant de sortes de gloire, c'est que nous n'avons encore qu'un cardinal de Richelieu. Vouloir concentrer dans un seul desir l'action des passions fortes, et s'imaginer qu'un homme vivement épris de la gloire se contente d'une seule espece de succès lorsqu'il croit en pouvoir obtenir en plusieurs genres, c'est vouloir qu'une terre excellente ne produise qu'une seule espece de fruits. Quiconque aime fortement la gloire sent intérieurement que la réussite des projets politiques dépend quelquefois du hasard, et souvent de l'ineptie de ceux avec qui il traite; il en veut donc une plus personnelle. Or, sans une morgue ridicule et stupide, il ne peut dédaigner celle des lettres, à laquelle ont aspiré les plus grands princes et les plus grands héros. La plupart d'entre eux, non contents de s'immortaliser par leurs actions, ont encore voulu s'immortaliser par leurs écrits, et du moins laisser à la postérité des préceptes sur la science guerriere ou politique dans laquelle ils ont excellé. Comment ne l'eussent-ils pas voulu? ces grands hommes aimoient la gloire; et l'on n'en est point avide sans desirer de communiquer aux hommes des idées qui doivent nous rendre encore plus estimables à leurs yeux. Que de preuves de cette vérité répandues dans toutes les histoires! Ce sont Xénophon, Alexandre, Annibal, Hannon, les Scipions, César, Cicéron, Auguste,

Trajan, les Antonins, Comnene, Élisabeth, Charles-Quint, Richelieu, Montecuculi, du Guay-Trouin, le comte de Saxe, qui par leurs écrits veulent éclairer le monde, en ombrageant leurs têtes de différentes especes de lauriers. Si maintenant on ne conçoit pas comment des hommes chargés de l'administration du monde trouvoient encore le temps de penser et d'écrire, c'est, répondrai-je, que les affaires sont courtes lorsqu'on ne s'égare point dans le détail, et qu'on les saisit par leurs vrais principes. Si tous les grands hommes n'ont point composé, tous ont du moins protégé l'homme illustre dans les lettres, et tous ont dû nécessairement le protéger, parceque, amoureux de la gloire, ils savoient que ce sont les grands écrivains qui la donnent. Aussi Charles-Quint avoit-il, avant Richelieu, fondé des académies; aussi vit-on le fier Attila lui-même rassembler près de lui les savants dans tous les genres, le khalife Aaron Al-Raschid en composer sa cour, et Tamerlan établir l'académie de Samarcande. Quel accueil Trajan ne faisoit-il pas au mérite! Sous son regne il étoit permis de tout dire, de tout penser, et de tout écrire; parceque les écrivains, frappés de l'éclat de ses vertus et de ses talents, ne pouvoient être que ses panégyristes: bien différent en cela des Néron, des Caligula, des Domitien, qui, par la raison contraire, imposoient silence aux gens éclairés qui dans leurs écrits n'eussent transmis à la postérité que la honte et les crimes de ces tyrans.

J'ai fait voir dans les exemples ci-dessus rapportés que le même desir de gloire auquel les grands hommes doivent leur supériorité peut, en fait d'esprit, les faire quelquefois aspirer à la monarchie universelle. Il seroit sans doute possible d'unir plus de modestie aux talents : ces qualités ne sont pas exclusives par leur nature, mais elles le sont dans quelques hommes. Il en est de tels à qui l'on ne pourroit arracher cette orgueilleuse opinion d'eux-mêmes sans étouffer le germe de leur esprit. C'est un défaut; et l'envie en profite pour décréditer le mérite. Elle se plaît à détailler les hommes, sûre d'y trouver toujours quelque côté défavorable sous lequel elle peut les présenter au public. On ne se rappelle point assez souvent qu'il en est des hommes comme de leurs ouvrages; qu'il faut les juger sur leur ensemble; qu'il n'est rien de parfait sur la terre; et que, si l'on désignoit dans chaque homme par des rubans de deux couleurs différentes les vertus et les défauts de son esprit et de son caractere, il n'est point d'homme qui ne fût bariolé de ces deux couleurs. Les grands hommes sont comme ces mines riches où l'or cependant se trouve toujours plus ou moins mélangé avec le plomb. Il faudroit donc que l'envieux se dît quelquefois à lui-même: S'il m'étoit possible d'avilir cet or aux yeux du public, quel cas feroit-il de moi, qui ne suis purement qu'une mine de plomb? Mais l'envieux sera toujours sourd à de pareils conseils. Habile à saisir les moindres défauts des hommes de génie, combien de fois ne les a-t-il pas accusés de n'être pas dans leurs manieres aussi agréables que les hommes du monde! Il ne veut pas se rappeler, comme je l'ai dit ci-devant, que, semblables à ces animaux qui se retirent dans les déserts, la

13.

plupart des gens de génie vivent dans le recueillement, et que c'est dans le silence de la solitude que les vérités se dévoilent à leurs yeux. Or tout homme dont le genre de vie le jette dans un enchaînement particulier de circonstances, et qui contemple les objets sous une face nouvelle, ne peut avoir dans l'esprit ni les qualités ni les défauts communs aux hommes ordinaires. Pourquoi le Français ressemble-t-il plus au Français qu'à l'Allemand, et beaucoup plus à l'Allemand qu'au Chinois ? C'est que ces deux nations, par l'éducation qu'on leur donne et la ressemblance des objets qu'on leur présente, ont entre elles infiniment plus de rapport qu'elles n'en ont avec les Chinois. Nous sommes uniquement ce que nous font les objets qui nous environnent. Vouloir qu'un homme qui voit d'autres objets et mene une vie différente de la mienne ait les mêmes idées que moi, c'est exiger les contradictoires, c'est demander qu'un bâton n'ait pas deux bouts.

Que d'injustices de cette espece ne fait-on pas aux hommes de génie! Combien de fois ne les a t-on pas accusés de sottise dans le temps même qu'ils faisoient preuve de la plus haute sagesse! Ce n'est pas que les gens de génie, comme le dit Aristote, n'aient souvent un coin de folie. Ils sont, par exemple, sujets à mettre trop d'importance à l'art qu'ils cultivent (1).

(1) Souvent ils ont pour eux une estime exclusive. Parmi ceux-là même qui ne se distinguent que dans les arts les plus frivoles, il en est qui pensent qu'en leur pays il n'y a rien de bien fait que ce qu'ils y font. Je ne puis m'empêcher de rapporter à ce sujet un mot assez plaisant,

D'ailleurs les grandes passions que suppose le génie peuvent quelquefois les égarer dans leur conduite ; mais ce germe de leurs erreurs l'est aussi de leurs lumieres. Les hommes froids, sans passions et sans talents, ne tombent pas dans les écarts de l'homme passionné. Mais il ne faut pas imaginer, comme leur vanité le veut per-

attribué à Marcel. Un danseur anglais fort célebre arrive à Paris, descend chez Marcel : « Je viens, lui dit-il, vous ren-« dre un hommage que vous doivent « tous les gens de notre art. Souffrez que « je danse devant vous, et que je profite « de vos conseils ». — « Volontiers, lui « dit Marcel ». Aussitôt l'Anglais exécute des pas très difficiles, et fait mille entrechats. Marcel le regarde, et s'écrie tout-à-coup : « Monsieur, l'on saute dans les « autres pays, et l'on ne danse qu'à « Paris ; mais, hélas ! on n'y fait que « cela de bien. Pauvre royaume ! »

suader, qu'avant de prendre un parti ils en calculent, les jetons en main, les avantages et les inconvénients : il faudroit pour cet effet que les hommes ne fussent déterminés dans leur conduite que par la réflexion ; et l'expérience nous apprend qu'ils le sont toujours par le sentiment, et qu'à cet égard les gens froids sont des hommes. Pour s'en convaincre, que l'on suppose qu'un d'eux soit mordu d'un chien enragé : on l'envoie à la mer ; il se met dans une barque, on va le plonger. Il ne court aucun risque, il en est sûr ; il sait que dans ce cas la peur est tout-à-fait déraisonnable ; il se le dit. On le plonge ; la réflexion n'agit plus sur lui ; le sentiment de la crainte s'empare de son ame ; et c'est à cette crainte ridicule qu'il doit sa guérison. La réflexion est donc, dans les gens froids comme dans les autres hommes, soumise au sentiment. Si les gens froids ne sont pas sujets à des écarts aussi fréquents que l'homme passionné, c'est qu'ils ont en eux moins de principes de mouvement. Ce n'est en effet qu'à la foiblesse de leurs passions qu'ils doivent leur sagesse. Cependant quelle haute estime n'en conçoivent-ils pas d'eux-mêmes ! quel respect ne croient-ils pas inspirer au public, qui ne les laisse jouir dans leur petite société du titre d'hommes sensés, et ne les cite point comme fous, que parcequ'il ne les nomme jamais. Comment peuvent-ils sans honte passer ainsi leur vie à l'affût des ridicules d'autrui ? S'ils en découvrent dans l'homme de génie, et que cet homme commette la faute la plus légère, fût-ce de mettre, par exemple, à trop haut prix les faveurs d'une femme, quel triomphe pour eux ! Ils en prennent droit de le mépriser. Cependant si, dans les bois, les solitudes et les dangers, la crainte a souvent à leurs propres yeux exagéré la grandeur du péril, pourquoi l'amour ne s'exagéreroit-il pas les plaisirs comme la frayeur s'exagere les dangers? Ignorent-ils qu'il n'y a proprement que soi de juste appréciateur de son plaisir; que, les hommes étant animés de passions différentes, les mêmes objets ne peuvent conserver le même prix à des yeux différents; que c'est au sentiment seul à juger le sentiment; et que le vouloir toujours citer au tribunal d'une raison froide, c'est assembler la diete de l'empire pour y connoître des cas de conscience? Ils devroient sentir qu'avant de prononcer sur les actions de l'homme de génie il faudroit du moins savoir quels sont les motifs qui le déterminent, c'est-à-dire la force par laquelle il est entraîné : mais pour cet effet il faudroit connoître et la puissance des passions et le degré de courage nécessaire pour y résister. Or tout homme qui s'arrête à cet examen s'apperçoit bientôt que les passions seules peuvent combattre contre les passions ; et que ces gens raisonnables qui s'en disent vainqueurs donnent à des goûts très foibles le nom de passions, pour se ménager les honneurs du triomphe. Dans le fait ils ne résistent point aux passions, mais ils leur échappent. La sagesse n'est point en eux l'effet de la lumiere, mais d'une indifférence comparable à des déserts également stériles en plaisirs comme en peines. Aussi ne sont-ils point heureux. L'absence du malheur est la seule félicité dont ils jouissent; et l'espece de raison qui les guide sur la mer de la vie humaine ne leur en fait éviter les écueils qu'en les écartant sans cesse de l'île fortunée du plaisir. Le ciel n'arme les hommes froids que d'un bouclier pour parer, et non d'une épée pour conquérir.

Que la raison nous dirige dans les actions importantes de la vie, je le veux; mais qu'on en abandonne les détails à ses goûts et à ses passions. Qui consulteroit sur tout la raison seroit sans cesse occupé à calculer ce qu'il doit faire, et ne feroit jamais rien; il auroit toujours sous les yeux la possibilité de tous les malheurs qui l'environnent. La peine et l'ennui journalier d'un pareil calcul seroient peut-être plus à redouter que les maux auxquels il peut nous soustraire.

Au reste, quelques reproches qu'on fasse aux gens d'esprit, quelque attentive que soit l'envie à déprimer les gens de génie, à découvrir en eux de ces défauts personnels et peu importants que devroit absorber l'éclat de leur gloire, ils doivent être insensibles à de pareilles attaques, sentir que ce sont souvent des pieges que l'envie leur tend pour les détourner de l'étude. Qu'importe qu'on leur fasse sans cesse un crime de leurs inattentions? Ils doivent savoir que la plupart de ces petites attentions tant recommandées ont été inventées par les désœuvrés pour en faire le travail et l'occupation de leur ennui et de leur oisiveté; qu'il n'est point d'homme doué d'une attention suffisante pour s'illustrer dans les arts et les sciences, s'il la partage en une infinité de petites attentions particulieres; que d'ailleurs cette politesse, à laquelle on donne le nom d'attention, ne procurant aucun avantage aux nations, il est de l'intérêt public qu'un savant fasse une dé-

couverte de plus et cinquante visites de moins. Je ne puis m'empêcher de rapporter à ce sujet un fait assez plaisant arrivé, dit-on, à Paris. Un homme de lettres avoit pour voisin un de ces désœuvrés si importuns dans la société. Ce dernier, excédé de lui-même, monte un jour chez l'homme de lettres. Celui-ci le reçoit à merveilles, s'ennuie avec lui de la maniere la plus humaine, jusqu'au moment où, las de bâiller dans le même lieu, notre désœuvré court ailleurs promener son ennui. Il part : l'homme de lettres se remet au travail, oublie l'ennuyé. Quelques jours après il est accusé de n'avoir point rendu la visite qu'il a reçue, il est taxé d'impolitesse ; il le sait : il monte à son tour chez son ennuyé : « Monsieur, lui dit-il, j'ap-
« prends que vous vous plaignez de
« moi : cependant, vous le savez,

« c'est l'ennui de vous-même qui vous a conduit chez moi. Je vous y ai reçu de mon mieux, moi qui ne m'ennuyois pas ; c'est donc vous qui m'êtes obligé : et c'est moi qu'on taxe d'impolitesse ! Soyez vous-même juge de mes procédés, et voyez si vous devez mettre fin à des plaintes qui ne prouvent rien, sinon que je n'ai pas comme vous le besoin des visites, l'inhumanité d'ennuyer mon prochain, et l'injustice d'en médire après l'avoir ennuyé ». Que de gens auxquels on peut appliquer la même réponse! Que de désœuvrés exigent dans les hommes de mérite des attentions et des talents incompatibles avec leurs occupations, et se surprennent à demander les contradictoires!

Un homme a passé sa vie dans les négociations ; les affaires dont il s'est occupé l'ont rendu circonspect : que cet homme aille dans le monde; on veut qu'il y porte cet air de liberté que la contrainte de son état lui a fait perdre. Un autre homme est d'un caractere ouvert; c'est par sa franchise qu'il nous a plu : on exige que, changeant tout-à-coup de caractere, il devienne circonspect au moment précis qu'on le desire. On veut toujours l'impossible. Il est sans doute un sel neutre qui amalgame quelquefois, dans les mêmes hommes du moins, toutes les qualités qui ne sont pas absolument contradictoires ; je sais qu'un concours singulier de circonstances peut nous plier à des habitudes opposées : mais c'est un miracle, et l'on ne doit pas compter sur les miracles. En général on peut assurer que tout se tient dans le caractere des hommes; que les qualités y sont liées aux défauts;

et qu'il est même certains vices de l'esprit attachés à certains états. Qu'un homme occupe un poste important ; qu'il ait par jour cent affaires à juger : si ses jugements sont sans appel, s'il n'est jamais contredit, il faut qu'au bout d'un certain temps l'orgueil pénetre dans son ame, et qu'il ait la plus grande confiance en ses lumieres. Il n'en sera pas ainsi, ou d'un homme dont les avis seront par ses égaux débattus et contredits dans un conseil, ou d'un savant qui, s'étant quelquefois trompé sur les matieres qu'il a mûrement examinées, aura nécessairement contracté l'habitude de la suspension d'esprit (1); suspension qui,

(1) Il seroit peut-être à desirer qu'avant que de monter aux grandes places les hommes destinés à les remplir composassent quelque ouvrage : ils en sentiroient mieux la difficulté de bien faire ;

fondée sur une salutaire méfiance de nos lumieres, nous fait percer jusqu'à ces vérités cachées que le coup-d'œil superficiel de l'orgueil apperçoit rarement. Il semble que la connoissance de la vérité soit le prix de cette sage méfiance de soi-même. L'homme qui se refuse au doute est sujet à mille erreurs : il a lui-même posé la borne de son esprit. On demandoit un jour à l'un des plus savants hommes de la Perse comment il avoit acquis tant de connoissances : *En demandant sans peine*, répondit-il, *ce que je ne savois pas.* « Interrogeant un jour un philo-
« sophe, dit le poëte Saadi, je le
« pressois de me dire de qui il avoit
« tant appris : *Des aveugles*, me ré-
ils apprendroient à se méfier de leurs lumieres ; et, faisant aux affaires l'application de cette méfiance, ils les examineroient avec plus d'attention.

« pondit-il, *qui ne levent point le
« pied sans avoir auparavant sondé
« avec leur bâton le terrain sur le-
« quel ils vont l'appuyer.* »

Ce que j'ai dit sur les qualités exclusives, ou par leur nature, ou par des habitudes contraires, suffit à l'objet que je me propose. Il s'agit maintenant de montrer de quelle utilité peut être cette connoissance. La principale, c'est d'apprendre à tirer le meilleur parti possible de son esprit; et c'est la question que je vais traiter dans le chapitre suivant.

CHAPITRE XVI.

Méthode pour découvrir le genre d'étude auquel on est le plus propre.

Pour connoître son talent il faut examiner, et de quelle espece d'objets le hasard et l'éducation ont principalement chargé notre mémoire, et quel degré de passion l'on a pour la gloire. C'est sur cette double combinaison qu'on peut déterminer le genre d'étude auquel on doit s'attacher. Il n'est point d'homme entièrement dépourvu de connoissances. Selon qu'on aura dans la mémoire plus de faits de physique ou d'histoire, plus d'images ou de sentiments, on aura donc plus ou moins d'aptitude à la physique, à la politique, ou à la poésie. Est-ce à ce dernier art qu'un homme s'applique? il pourra devenir d'autant plus grand peintre en un genre, que le magasin de sa mémoire sera mieux fourni des objets qui entrent dans la composition d'une certaine espece de tableaux. Un poëte naît dans ces âpres climats du nord que d'une aile rapide traversent sans cesse les noirs ouragans; son œil ne s'égare point dans des vallées riantes; il ne connoît que l'éternel hiver qui, les cheveux blanchis par les frimas, regne sur des déserts arides; les échos ne lui répetent que les hurlements des ours; il ne voit que des neiges, des glaces amoncelées, et des sapins aussi vieux que la terre couvrir de leurs branchages morts les lacs qui baignent leurs racines. Un autre poëte naît au contraire sous le climat fortuné de l'Italie; l'air y est pur, la terre est jonchée de fleurs, les zéphyrs agitent doucement de leur souffle la cime des forêts odorantes; il voit les ruisseaux, par mille arcs argentés, couper la verdure trop uniforme des prairies, les arts et la nature s'unir pour décorer les villes et les campagnes : tout y semble fait pour le plaisir des yeux et l'ivresse des sens. Peut-on douter que de ces deux poëtes le dernier ne trace des tableaux plus agréables, et le premier des tableaux plus fiers et plus effrayants? Cependant ni l'un ni l'autre de ces poëtes ne composeront de ces tableaux s'ils ne sont animés d'une passion forte pour la gloire.

Les objets que le hasard et l'éducation placent dans notre mémoire sont à la vérité la matiere premiere de l'esprit, mais cette matiere y reste morte et sans action jusqu'au moment où les passions la mettent en fermentation. C'est alors qu'elle produit un assemblage nouveau d'idées, d'images, ou de sentiments, auquel on donne le nom de génie, d'esprit, ou de talent.

Après avoir reconnu quel est le nombre et quelle est l'espece des objets qu'on a déposés dans le magasin de sa mémoire, avant que de se déterminer pour aucun genre d'étude, il faut ensuite constater jusqu'à quel degré l'on est sensible à la gloire. On est sujet à se méprendre sur ce point, et l'on donne volontiers le nom de passions à de simples goûts : rien cependant, comme je l'ai déja dit, de plus facile à distinguer. On est passionné lorsqu'on est animé d'un seul desir, et que toutes nos pensées et nos actions sont subordonnées à ce desir. L'on n'a que des goûts lorsque notre ame est partagée en une infinité de desirs à-peu-près égaux. Plus ces desirs sont nombreux, plus nos goûts sont modérés : au contraire, moins les desirs sont multipliés, plus ils se rapprochent de l'unité, et plus nos goûts sont vifs, et prêts à se changer en passions. C'est donc l'unité, ou du moins la prééminence d'un desir sur tous les autres, qui constate la passion. La passion constatée, il faut en connoître la force, et pour cet effet examiner le degré d'enthousiasme qu'on a pour les grands hommes. C'est, dans la premiere jeunesse, une mesure assez exacte de notre amour pour la gloire. Je dis dans la premiere jeunesse, parcequ'alors, plus susceptible de passions, on se livre plus volontiers à son enthousiasme. D'ailleurs on n'a point alors de motifs pour avilir le mérite et les talents;

on peut encore espérer de voir un jour estimer en soi ce qu'on estime dans les autres. Il n'en est pas ainsi des hommes faits : quiconque atteint un certain âge sans avoir aucun mérite, affiche toujours le mépris des talents pour se consoler de n'en point avoir. Pour être juge du mérite, il faut le juger sans intérêt, et par conséquent n'avoir point encore éprouvé le sentiment de l'envie. On en est peu susceptible dans la premiere jeunesse. Aussi les jeunes gens voient-ils les grands hommes à-peu-près du même œil dont la postérité les verra. Aussi faut-il en général renoncer à l'estime des hommes de son âge, et ne s'attendre qu'à celle des jeunes gens. C'est sur leur éloge qu'on peut apprécier à-peu-près son mérite, et sur l'éloge qu'ils font des grands hommes qu'on peut apprécier le leur. Si l'on n'estime jamais dans les autres que des idées analogues aux siennes, le respect qu'on a pour l'esprit est toujours proportionné à l'esprit qu'on a. L'on ne célèbre les grands hommes que lorsqu'on est soi-même fait pour l'être. Pourquoi César pleuroit-il en s'arrêtant devant le buste d'Alexandre? C'est qu'il étoit César. Pourquoi ne pleure-t-on plus à l'aspect de ce même buste? C'est qu'il n'est plus de César.

On peut donc, sur le degré d'estime conçu pour les grands hommes, mesurer le degré de passion qu'on a pour la gloire, et se déterminer en conséquence sur le choix de ses études. Le choix est toujours bon lorsqu'en quelque genre que ce soit la force des passions est proportionnée à la difficulté de réussir. Or il est d'autant plus difficile de réussir en un genre, que plus d'hommes se sont exercés dans ce même genre, et l'ont porté plus près de la perfection. Rien de plus hardi que d'entrer dans la carriere où se sont illustrés les Corneille, les Racine, les Voltaire, et les Crébillon. Pour s'y distinguer, il faut être capable des plus grands efforts d'esprit, et par conséquent être animé de la plus forte passion pour la gloire. Qui n'est pas susceptible de cet extrême degré de passion ne doit point concourir avec de tels rivaux, mais s'attacher à des genres d'étude dans lesquels il soit plus facile de réussir. Il en est de cette espece. Dans la physique, par exemple, il est des terrains incultes, et des matieres sur lesquelles les grands génies, occupés d'abord d'objets plus intéressants, n'ont, pour ainsi dire, jeté qu'un coup-d'œil superficiel. Dans ce genre et dans tous les genres pareils, les découvertes et les succès sont à la portée de presque tous les esprits, et ce sont les seuls auxquels puissent prétendre les passions foibles. Qui n'est point ivre d'amour pour la gloire doit la chercher dans les sentiers détournés, et sur-tout éviter les routes battues par des gens éclairés. Son mérite, comparé à celui de ces grands hommes, s'anéantiroit devant le leur; et le public prévenu lui refuseroit même l'estime qu'il mérite.

La réputation d'un homme foiblement passionné dépend donc de l'adresse avec laquelle il évite qu'on le compare à ceux qui, brûlant d'une plus forte passion pour la gloire, ont fait de plus grands efforts d'esprit. Par cette adresse, l'homme qui, foiblement passionné, a cependant contracté dans sa jeunesse quelque habitude du travail et de la méditation, peut quelquefois, avec très peu d'esprit, obtenir une assez grande réputation. Il paroît donc que, pour tirer le meilleur parti possible de son esprit, la principale attention qu'on doive avoir, c'est de comparer le degré de passion dont on est animé au degré de passion que suppose le genre d'étude auquel on s'attache. Quiconque est à cet égard exact observateur de lui-même échappe à mille erreurs où tombent quelquefois les gens de mérite. On ne le verra point s'engager, par exemple, dans un nouveau genre d'étude au moment que l'âge ralentit en lui l'ardeur des passions. Il sentira qu'en parcourant successivement différents genres de sciences ou d'arts il ne pourroit jamais devenir qu'un homme universellement médiocre ; que cette universalité est un écueil où la vanité conduit et fait souvent échouer les gens d'esprit ; et qu'enfin ce n'est que dans la premiere jeunesse qu'on est doué de cette attention infatigable qui creuse jusqu'aux premiers principes d'un art ou d'une science : vérité importante, dont l'ignorance arrête souvent le génie dans sa course, et s'oppose au progrès des sciences. Il faut pour la saisir se rappeler que l'amour de la gloire, comme je l'ai prouvé dans mon troisieme discours, est allumé dans nos cœurs par l'amour des plaisirs physiques ; que cet amour ne s'y fait jamais plus vivement sentir que dans la premiere jeunesse ; que c'est par conséquent au printemps de la vie qu'on est susceptible d'un plus violent amour pour la gloire. C'est alors qu'on sent en soi des semences enflammées de vertus et de talents. La force et la santé qui circulent alors dans nos veines y portent le sentiment de l'immortalité; les années paroissent alors s'écouler avec la lenteur des siecles; on sait mais on ne sent pas qu'on doit mourir, et l'on en est d'autant plus ardent à poursuivre l'estime de la postérité. Il n'en est pas ainsi lorsque l'âge attiédit en nous les passions. On apperçoit alors dans le lointain les gouffres de la mort. Les ombres du trépas, en se mêlant aux rayons de la gloire, en ternissent l'éclat. L'univers change alors de forme à nos yeux, nous cessons d'y prendre intérêt, il ne s'y fait plus rien d'important. Si l'on suit encore la carriere où l'amour de la gloire nous a fait d'abord entrer, c'est qu'on cede à l'habitude; c'est que l'habitude s'est fortifiée lorsque les passions se sont affoiblies. D'ailleurs on craint l'ennui; et, pour s'y soustraire, on continuera de cultiver la science dont les idées familieres se combinent sans peine dans notre esprit; mais l'on sera incapable de l'attention forte que demande un nouveau genre d'étude. A-t-on atteint l'âge de trente-cinq ans? on ne fera point alors d'un grand géometre un grand poëte, d'un grand poëte un grand chymiste, d'un grand chymiste un grand politique. Qu'à cet âge on éleve un homme à quelque grande place; si les idées dont il a déja chargé sa mémoire n'ont aucun rapport aux idées qu'exige la place qu'il occupe, ou cette place demandera peu d'esprit et de talent, ou cet homme la remplira mal.

Parmi les magistrats, quelquefois trop concentrés dans la discussion des intérêts particuliers, en est-il aucun qui pût avec supériorité remplir les premieres places s'il ne faisoit en secret des études profondes relatives au poste qu'il peut occuper? L'homme qui néglige de faire ces études ne monte aux places que pour s'y déshonorer. Cet homme est-il d'un caractere entier et despotique? les entreprises qu'il formera seront dures, folles, et toujours préjudiciables au bien public. Est-il d'un caractere doux, ami du bien public? il n'osera rien entreprendre. Comment hasarderoit-il quelques changements dans l'administration? on ne marche point d'un pas ferme dans des chemins inconnus et coupés de mille précipices. La fermeté et le courage de l'esprit tiennent toujours à son étendue. L'homme fécond en moyens d'exécuter ses projets est hardi dans ses conceptions : au contraire, l'homme stérile en ressources contracte nécessairement une habitude de timidité que la sottise prend souvent pour sagesse.

S'il est très dangereux de toucher trop souvent à la machine du gouvernement, je sais aussi qu'il est des temps où la machine s'arrête si l'on n'y remet de nouveaux ressorts. L'ouvrier ignorant n'ose l'entreprendre; et la machine se détruit d'elle-même. Il n'en est pas ainsi de l'ouvrier habile; il sait, d'une main hardie, la conserver en la réparant. Mais la sage hardiesse suppose une étude profonde de la science du gouvernement; étude fatigante, et dont on n'est capable que dans la premiere jeunesse, et peut-être dans les pays où l'estime publique nous promet beaucoup d'avantages. Par-tout où cette estime est stérile en plaisirs, il n'y croît pas de grands talents. Le petit nombre d'hommes illustres que le hasard d'une excellente éducation ou d'un enchaînement singulier de circonstances rend amoureux de cette estime désertent alors leur patrie, et cet exil volontaire en présage la ruine : semblables à ces aigles dont la fuite annonce la chûte prochaine du chêne antique sur lequel ils se retiroient.

J'en ai dit assez sur ce sujet. Je conclurai des principes établis dans ce chapitre que ce qu'on appelle *esprit* est en nous le produit des objets placés dans notre souvenir, et de ces mêmes objets mis en fermentation par l'amour de la gloire. Ce n'est donc, comme je l'ai déja dit, qu'en combinant l'espece d'objets dont le hasard et l'éducation ont chargé notre mémoire avec le degré de passion qu'on a pour la gloire, qu'on peut réellement connoître et la force et le genre de son esprit. Qui s'observe scrupuleusement à cet égard se trouve à-peu-près dans le cas de ces chymistes habiles qui, lorsqu'on leur montre les matieres dont on a chargé le matras, et le degré de feu qu'on lui donne, prédisent d'avance le résultat de l'opération. Sur quoi j'observerai que, s'il est un art d'exciter en nous des passions fortes, s'il y a des moyens faciles de remplir la mémoire d'un jeune homme d'une certaine espece d'idées et d'objets; il est, en conséquence, des méthodes sûres pour former des hommes de génie. Cette connoissance de la nature de l'esprit peut donc être fort utile à ceux qu'anime le desir de s'illustrer. Elle peut leur en fournir les moyens; leur apprendre, par exemple, à ne point éparpiller leur attention sur une infinité d'objets divers, mais à la rassembler tout entiere sur les idées et les objets relatifs au genre dans lequel ils veulent exceller. Ce n'est pas qu'on doive à cet égard pousser trop loin le scrupule. On n'est point profond en un genre si l'on n'a fait des incursions dans tous les genres analogues au genre que l'on cultive. L'on doit même arrêter quelque temps ses regards sur les premiers principes des diverses sciences. Il est utile, et de suivre la marche uniforme de l'esprit humain dans les différents genres de sciences et d'arts, et de considérer l'enchaînement universel qui lie ensemble toutes les idées des hommes. Cette étude donne plus de force et d'étendue à l'esprit; mais il n'y faut consacrer qu'un certain temps, et porter sa principale attention sur les détails de l'art ou de la science que l'on cultive. Qui n'écoute dans ses études qu'une curiosité indiscrete atteint rarement à la gloire. Qu'un sculpteur, par exemple, soit par son goût également entraîné vers l'étude de la sculpture et de la politique, et qu'en conséquence il charge sa mémoire d'idées qui n'ont entre elles aucun rapport; je dis que ce sculpteur sera certainement moins habile et moins célèbre qu'il ne l'eût été s'il eût toujours rempli sa mémoire d'objets analogues à l'art qu'il professe, et qu'il n'eût point réuni, pour ainsi dire, en lui deux hommes qui ne peuvent ni se communiquer leurs idées ni causer ensemble.

Au reste cette connoissance de l'esprit, sans doute utile aux particuliers, peut l'être encore au public; elle peut éclairer les gens en place sur la science des choix, et leur faire en chaque genre distinguer l'homme supérieur. Ils le reconnoîtront premièrement à l'espece d'objets dont cet homme s'est occupé, et secondement à la passion qu'il a pour la gloire; passion dont la force, comme je l'ai déja dit, est toujours proportionnée au goût qu'on a pour l'esprit, et presque toujours au mérite de ceux qui composent notre société.

Qui n'aime ni n'estime ceux qui par des actions ou des ouvrages ont obtenu l'estime générale, est à coup sûr un homme sans mérite. Le peu d'analogie des idées d'un sot et d'un homme d'esprit rompt entre eux toute société. En fait de mérite, c'est le signe d'anathême que de se plaire trop dans la société des gens médiocres.

Après avoir considéré l'esprit sous tant de rapports divers, je devrois peut-être essayer de tracer le plan d'une bonne éducation. Peut-être qu'un traité complet sur cette matiere devroit être la conclusion de mon ouvrage. Si je me refuse à ce travail, c'est qu'en supposant même que je pusse réellement indiquer les moyens de rendre les hommes meilleurs, il est évident que, dans nos mœurs actuelles, il seroit presque impossible de faire usage de ces moyens. Je me contenterai donc de jeter un coup-d'œil rapide sur ce qu'on appelle l'éducation.

CHAPITRE XVII.

De l'éducation.

L'ART de former des hommes est en tout pays si étroitement lié à la forme du gouvernement, qu'il n'est peut-être pas possible de faire aucun changement considérable dans l'éducation publique sans en faire dans la constitution même des états.

L'art de l'éducation n'est autre chose que la connoissance des moyens propres à former des corps plus robustes et plus forts, des esprits plus éclairés, et des ames plus vertueuses. Quant au premier objet de l'éducation, c'est sur les Grecs qu'il faut prendre exemple, puisqu'ils honoroient les exercices du corps, et que ces exercices faisoient même une partie de leur médecine. Quant aux moyens de rendre et les esprits plus éclairés et les ames plus fortes et plus vertueuses, je crois qu'ayant fait sentir et l'importance du choix des objets qu'on place dans sa mémoire, et la facilité avec laquelle on peut allumer en nous des passions fortes, et les diriger au bien général, j'ai suffisamment indiqué au lecteur éclairé le plan qu'il faudroit suivre pour perfectionner l'éducation publique.

On est à cet égard trop éloigné de toute idée de réforme pour que j'entre dans des détails toujours ennuyeux lorsqu'ils sont inutiles. Je me contenterai de remarquer qu'on ne se prête pas même en ce genre à la réforme des abus les plus grossiers et les plus faciles à corriger. Qui doute, par exemple, que, pour valoir tout ce qu'on peut valoir, on ne dût faire de son temps la meilleure distribution possible? qui doute que les succès ne tiennent en partie à l'économie avec laquelle on le ménage? et quel homme convaincu de cette vérité n'apperçoit pas du premier coup-d'œil les refontes qu'à cet égard on pourroit faire dans l'éducation publique?

On doit, par exemple, consacrer quelque temps à l'étude raisonnée de la langue nationale. Quoi de plus absurde que de perdre huit ou dix ans à l'étude d'une langue morte qu'on oublie immédiatement après la sortie des classes, parcequ'elle n'est dans le cours de la vie de presque aucun usage? En vain dira-t-on que, si l'on retient si long-temps les jeunes gens dans les colleges, c'est moins pour qu'ils y apprennent le latin que pour leur y faire contracter l'habitude du travail et de l'application. Mais, pour les plier à cette habitude, ne pourroit-on pas leur proposer une étude moins ingrate, moins rebutante? Ne craint-on pas d'éteindre ou d'émousser en eux cette curiosité naturelle qui dans la premiere jeunesse nous échauffe du desir d'apprendre? Combien ce desir ne se fortifieroit-il pas si, dans l'âge où l'on n'est point encore distrait par de grandes passions, l'on substituoit à l'insipide étude des mots celle de la physique, de l'histoire, des mathématiques, de la morale, de la poésie, etc. ! L'étude des langues mortes, répliquera-t-on, remplit en partie cet objet. Elle assujettit à la nécessité de traduire et d'expliquer les auteurs; elle meuble par conséquent la tête des jeunes gens de toutes les idées contenues dans les meilleurs ouvrages de l'antiquité. Mais, répondrai-je, est-il rien de plus ridicule que de consacrer plusieurs années à placer dans la mémoire quelques faits ou quelques idées qu'on peut, avec le secours des traductions, y graver en deux ou trois mois? L'unique avantage qu'on puisse retirer de huit ou dix ans d'étude, c'est donc la connoissance fort incertaine de ces finesses de l'expression latine qui se perdent dans une traduction. Je dis fort incertaine; car enfin, quelque étude qu'un homme fasse de la langue latine, il ne la connoîtra jamais aussi parfaitement qu'il connoît sa propre langue. Or, si, parmi nos savants, il en est très peu de sensibles à la beauté, à la force, à la finesse de l'expression française, peut-on imaginer qu'ils soient plus heureux lorsqu'il s'agit d'une expression latine? ne peut-on pas soupçonner que leur science à cet égard n'est fondée que sur notre ignorance, notre crédulité, et leur hardiesse ; et que, si l'on pouvoit évoquer les mânes d'Horace, de Virgile, et de Cicéron, les plus beaux discours de nos rhéteurs ne leur parussent écrits dans un jargon presque inintelligible ? Je ne m'arrêterai cependant pas à ce soupçon ; et je conviendrai, si on le veut, qu'au sortir de ses classes un jeune homme est fort instruit des finesses de l'expression latine : mais, dans cette supposition même, je demanderai si l'on doit payer cette connoissance du prix de huit ou dix ans de travail; et si, dans la premiere jeunesse, dans l'âge où la curiosité n'est combattue par aucune passion, où l'on est par conséquent plus capable d'application, ces huit ou dix années consommées dans l'étude des mots ne seroient pas mieux employées à l'étude des choses, et sur-tout des choses analogues au poste qu'on doit vraisemblablement remplir. Non que j'adopte les maximes trop austeres de ceux qui croient qu'un jeune homme doit se borner uniquement aux études convenables à son état. L'éducation d'un jeune homme doit se prêter aux différents partis qu'il peut prendre : le génie veut être libre. Il est même des connoissances que tout citoyen doit avoir: telle est la connoissance et des principes de la morale et des lois de son pays. Tout ce que je demanderois, c'est qu'on chargeât principalement la mémoire d'un jeune homme des idées et des objets relatifs au parti qu'il doit vraisemblablement embrasser. Quoi de plus absurde que de donner exactement la même éducation à trois hommes, dont l'un doit remplir les petits emplois de la finance, et les deux autres les premieres places de l'armée, de la magistrature, ou de l'administration? Peut-on sans étonnement les voir s'occuper des mêmes études jusqu'à seize ou dix-sept ans, c'est-à-dire jusqu'au moment qu'ils entrent dans le monde, et que, distraits par les plaisirs, ils deviennent souvent incapables d'application?

Quiconque examine les idées dont on charge la mémoire des jeunes gens, et compare leur éducation avec l'état qu'ils doivent remplir, la trouve aussi folle que l'eût été celle des Grecs s'ils n'eussent donné qu'un maître de flûte à ceux qu'ils envoyoient aux jeux olympiques y disputer le prix de la lutte ou de la course.

Mais, dira-t-on, si l'on peut faire un bien meilleur emploi du temps consacré à l'éducation, que n'essaie-t-on de le faire? A quelle cause attribuer l'indifférence où l'on reste à cet égard? Pourquoi met-on dès l'enfance le crayon dans les mains du dessinateur? Pourquoi place-t-on à cet âge les doigts du musicien sur le manche de son violon? Pourquoi l'un et l'autre de ces artistes reçoivent-ils une éducation si convenable à l'art qu'ils doivent professer, et néglige-t-on si fort l'éducation des princes, des grands, et généralement de tous ceux que leur naissance appelle aux grandes places ? Ignore-t-on ce que les vertus et sur-tout les lumieres des grands ont d'influence sur le bonheur ou le malheur des nations ? Pourquoi donc abandonner au hasard une partie si essentielle à l'administration ? Ce n'est pas, répondrai-je, qu'on ne trouve dans les colleges une infinité de gens éclairés qui connoissent également et les vices de l'éducation et les remedes qu'on y peut apporter : mais que peuvent-ils faire sans l'aide du gouvernement ? Or les gouvernements doivent peu s'occuper du soin de l'éducation publique. Il ne faut pas à cet égard comparer les grands empires aux petites républiques. Dans les grands empires, on sent rarement le besoin pressant d'un grand homme: les grands états se soutiennent par leur propre masse. Il n'en est pas ainsi d'une république telle, par exemple, que celle de Lacédémone. Elle avoit, avec une poignée de citoyens, à soutenir le poids énorme des armées de l'Asie. Sparte ne devoit sa conservation qu'aux grands hommes qui naissoient successivement pour la défendre. Aussi, toujours occupée du soin d'en former de nouveaux, c'étoit sur l'éducation publique que devoit se porter la principale attention du gouvernement. Dans les grands états on est plus rarement exposé à de pareils dangers, et l'on ne prend point les mêmes précautions pour s'en garantir. Le besoin plus ou moins urgent d'une chose est en chaque genre l'exacte mesure des efforts d'esprit qu'on fait pour se la procurer. Mais, dira-t-on, il n'est point d'état parmi les plus puissants qui n'éprouve quelquefois le besoin de grands hommes. Oui sans doute; mais ce besoin n'étant point habituel, on n'a pas soin de le prévenir. La prévoyance n'est point la vertu des grands états; les gens en place y sont chargés de trop d'affaires pour veiller à l'éducation publique, et l'éducation doit être négligée. D'ailleurs que d'obstacles l'intérêt personnel ne met-il pas dans les grands empires à la production des gens de génie! On y peut sans doute former des hommes instruits. Rien n'empêche de profiter du premier âge pour charger la mémoire des jeunes gens des idées et des objets relatifs aux places qu'ils peuvent occuper; mais jamais on n'y formera des hommes de génie, parceque ces idées et ces objets sont stériles si l'amour de la gloire ne les féconde. Pour que cet amour s'allume en nous, il faut que la gloire soit, comme l'argent, l'échange d'une infinité de plaisirs, et que les honneurs soient le prix du mérite. Or l'intérêt des puissants ne leur permet pas d'en faire une aussi juste distribution. Ils ne veulent pas accoutumer le citoyen à considérer les graces comme une dette dont ils s'acquittent envers le talent. En conséquence ils en accordent rarement au mérite. Ils sentent qu'ils obtiendront d'autant plus de reconnoissance de leurs obligés que ces obligés seront moins dignes de leurs bienfaits. L'injustice doit donc souvent présider à la distribution des graces, et l'amour de la gloire s'éteindre dans tous les cœurs.

Telles sont dans les grands empires les principales causes, et de la disette des grands hommes, et de l'indifférence avec laquelle on les regarde, et du peu de soin enfin qu'on y prend de l'éducation publique. Quelque grands cependant que soient les obstacles qui dans ces pays s'opposent à la réforme de l'éducation publique ; dans les états monarchiques, tels que la plupart des états de l'Europe, ces obstacles ne sont pas insurmontables ; mais ils le deviennent dans les gouvernements absolument despotiques, tels que les gouvernements orientaux. Quel moyen en ces pays de perfectionner l'éducation ? Il n'est point d'éducation sans objet ; et l'unique qu'on puisse se proposer, c'est, comme je l'ai déja dit, de rendre les citoyens plus forts, plus éclairés, plus vertueux, et enfin plus propres à contribuer au bonheur de la société dans laquelle ils vivent. Or, dans les gouvernements arbitraires, l'opposition que les despotes croient appercevoir entre leur intérêt et l'intérêt général ne leur permet pas d'adopter un système si conforme à l'utilité publique.

Dans ces pays, il n'est donc point d'objet d'éducation, ni par conséquent d'éducation. En vain la réduiroit-on aux seuls moyens de plaire au souverain : quelle éducation que celle dont le plan seroit tracé d'après la connoissance toujours imparfaite des mœurs d'un prince qui peut ou mourir ou changer de caractere avant la fin d'une éducation ! Ce n'est en ces pays qu'après avoir perfectionné l'éducation des souverains qu'on pourroit utilement travailler à la réforme de l'éducation publique. Mais un traité sur cette matiere devroit sans doute être précédé d'un ouvrage encore plus difficile à faire, dans lequel on examineroit s'il est possible de lever les puissants obstacles que des intérêts personnels mettront toujours à la bonne éducation des rois. C'est un problême moral qui, dans les gouvernements arbitraires, tels que ceux de l'orient, est, je crois, un problême insoluble. Trop jaloux de régner sous le nom de leur maître, c'est dans une ignorance honteuse et presque invincible que les visirs retiendront toujours les sultans ; ils écarteront toujours loin d'eux l'homme qui pourroit les éclairer. Or, l'éducation des princes ainsi abandonnée au hasard, quel soin peut-on prendre de l'éducation des particuliers? Un pere desire l'élévation de ses fils : il sait que ni les connoissances, ni les talents, ni les vertus, ne leur ouvriront jamais le chemin de la fortune; que les princes ne croient jamais avoir besoin d'hommes éclairés et savants : il ne demandera donc à ses fils ni connoissances ni talents ; il sentira même confusément que dans de pareils gouvernements on ne peut être impunément vertueux. Tous les préceptes de sa morale se réduiront donc à quelques maximes vagues, et qui, peu liées entre elles, ne peuvent donner à ses fils des idées nettes de la vertu : il craindroit en ce genre les préceptes trop séveres et trop précis. Il entrevoit qu'une vertu rigide nuiroit à leur fortune; et que, si deux choses, comme le dit Pythagore, rendent un homme semblable aux dieux, l'une de faire le bien public, l'autre de dire la vérité, celui qui se modèleroit sur les dieux seroit à coup sûr maltraité par les hommes.

Voilà la source de la contradiction qui se trouve entre les préceptes moraux que, même dans les pays soumis au despotisme, on est forcé par l'usage de donner à ses enfants, et la conduite qu'on leur prescrit. Un pere leur dit en général et en maxime :

Soyez vertueux. Mais il leur dit en détail et sans le savoir : *N'ajoutez nulle foi à ces maximes; soyez un coquin timide et prudent; et n'ayez d'honnêteté*, comme le dit Moliere, *que ce qu'il en faut pour n'être pas pendu.* Or, dans un pareil gouvernement, comment perfectionneroit-on cette partie même de l'éducation qui consiste à rendre les hommes plus fortement vertueux? Il n'est point de pere qui, sans tomber en contradiction avec lui-même, pût répondre aux arguments pressants qu'un fils vertueux pourroit lui faire à ce sujet.

Pour éclaircir cette vérité par un exemple, je suppose que, sous le titre de bacha, un pere destine son fils au gouvernement d'une province; que, prêt à prendre possession de cette place, son fils lui dise : Mon pere, les principes de vertu acquis dans mon enfance ont germé dans mon ame. Je pars pour gouverner des hommes : c'est de leur bonheur que je ferai mon unique occupation. Je ne prêterai point au riche une oreille plus favorable qu'au pauvre : sourd aux menaces du puissant oppresseur, j'écouterai toujours la plainte du foible opprimé, et la justice présidera à tous mes jugements. — Ô mon fils, que l'enthousiasme de la vertu sied bien à la jeunesse! mais l'âge et la prudence vous apprendront à le modérer. Il faut sans doute être juste; cependant à quelles ridicules demandes n'allez-vous pas être exposé! à combien de petites injustices ne faudra-t-il pas vous prêter! Si vous êtes quelquefois forcé de refuser les grands, que de graces, mon fils, doivent accompagner vos refus! Quelque élevé que vous soyez, un mot du sultan vous fait rentrer dans le néant, et vous confond dans la foule des plus vils esclaves ; la haine d'un eunuque ou d'un ichoglan peut vous perdre : songez à les ménager.... — Moi ! je ménagerois l'injustice ! Non, mon pere. La sublime Porte exige souvent des peuples un tribut trop onéreux ; je ne me prêterai point à ses vues. Je sais qu'un homme ne doit à l'état que proportionnément à l'intérêt qu'il doit prendre à sa conservation ; que l'infortune ne doit rien ; et que l'aisance même, qui supporte les impôts, doit ce qu'exige la sage économie, et non la prodigalité : j'éclairerai sur ce point le divan. — Abandonnez ce projet, mon fils. Vos représentations seroient vaines ; il faudroit toujours obéir. — Obéir ! non ; mais plutôt remettre au sultan la place dont il m'honore. — Ô mon fils, un fol enthousiasme de vertu vous égare : vous vous perdriez, et les peuples ne seroient point soulagés; le divan nommeroit à votre place un homme qui, moins humain, l'exerceroit avec plus de dureté. — Oui, sans doute, l'injustice se commettroit; mais je n'en serois pas l'instrument. L'homme vertueux chargé d'une administration, ou fait le bien, ou se retire; l'homme plus vertueux encore, et plus sensible aux misères de ses concitoyens, s'arrache du sein des villes; c'est dans les déserts, les forêts, et jusques chez les sauvages, qu'il fuit l'aspect odieux de la tyrannie, et le spectacle trop affligeant du malheur de ses égaux. Telle est la conduite de la vertu. Je n'aurois point, dites-vous d'imitateurs; je l'ignore : l'ambition en secret vous en assure, et ma vertu m'en fait douter. Mais je veux qu'en effet mon exemple ne soit pas suivi : le musulman zélé qui le premier annonça la loi du divin prophete, et brava les fureurs des tyrans, prit-il garde en marchant au supplice s'il étoit suivi d'autres martyrs ? La vérité parloit à son cœur : il lui devoit un témoignage authentique ; il le lui rendoit. Doit-on moins à l'humanité qu'à la religion ? et les dogmes sont-ils plus sacrés que les vertus ? Mais souffrez que je vous interroge à votre tour. Si je m'associois aux Arabes qui pillent nos caravanes, ne pourrois-je pas me dire à moi-même : Soit que je vive avec ces brigands, ou que je m'en sépare, les caravanes n'en seront pas moins attaquées : vivant avec l'Arabe, j'adoucirai ses mœurs ; je m'opposerai du moins aux cruautés inutiles qu'il exerce sur le voyageur. Je ferai mon bien sans ajouter au malheur public. Ce raisonnement est le vôtre ; et, si ma nation ni vous-même ne pouvez l'approuver, pourquoi donc me permettre sous le nom de bacha ce que vous me défendez sous celui d'Arabe? Ô mon pere, mes yeux s'ouvrent enfin; je le vois, la vertu n'habite point les états despotiques, et l'ambition étouffe en vous le cri de l'équité. Je ne puis marcher aux grandeurs qu'en foulant aux pieds la justice. Ma vertu trahit vos espérances; ma vertu vous devient odieuse; et votre espoir trompé lui donne le nom de folie. Cependant c'est encore à vous que je m'en rapporte; sondez l'abyme de votre ame, et répondez-moi. Si j'immolois la justice à mes goûts, à mes plaisirs, aux caprices d'une odalique, avec quelle force me rappelleriez-vous alors ces maximes austeres de vertu apprises dans mon enfance! Pourquoi votre zele ardent s'attiédit-il lorsqu'il s'agit de sacrifier cette même vertu aux ordres d'un sultan ou d'un visir ? J'oserai vous l'apprendre ; c'est que l'éclat de ma grandeur, prix indigne d'une lâche obéissance, doit rejaillir sur vous : alors vous méconnoissez le crime ; et, si vous le reconnoissiez, j'en atteste votre vérité, vous m'en feriez un devoir.

On sent que, pressé par de tels raisonnements, il seroit très difficile qu'un pere n'apperçût pas enfin une contradiction manifeste entre les principes d'une saine morale et la conduite qu'il prescrit à son fils. Il seroit forcé de convenir qu'en desirant l'élévation de ce même fils il a, d'une maniere implicite et confuse, desiré que, tout entier aux soins de sa grandeur, ce fils y sacrifiât jusqu'à la justice. Or, dans ces gouvernements asiatiques, où des fanges de la servitude on tire l'esclave qui doit commander à d'autres esclaves, ce desir doit être commun à tous les peres. Quel homme s'essaieroit donc en ces empires à tracer le plan d'une éducation vertueuse que personne ne donneroit à ses enfants? Quelle manie que de prétendre former des ames magnanimes dans des pays où les hommes ne sont pas vicieux parcequ'en général ils sont méchants, mais parceque la récompense y devient le prix du crime, et la punition celui de la vertu? Qu'espérer enfin en ce genre d'un peuple chez qui l'on ne peut citer comme honnêtes que les hommes prêts à le devenir si la forme du gouvernement s'y prêtoit; où d'ailleurs, personne n'étant animé de la passion forte du bien public, il ne peut par conséquent y avoir d'homme vraiment vertueux? Il faut, dans les gouvernements despotiques, renoncer à l'espoir de former des hommes célebres par leurs vertus ou par leurs talents. Il n'en est pas ainsi des états monarchiques. Dans ces états, comme je l'ai déja dit, l'on peut sans doute tenter cette entreprise avec quelque espoir de succès ; mais il faut en même temps convenir que l'exécution en seroit d'autant plus difficile que la constitution monarchique se rapprocheroit davantage de la forme du despotisme, ou que les mœurs seroient plus corrompues.

Je ne m'étendrai pas davantage sur ce sujet, et je me contenterai de rappeler au citoyen zélé qui voudroit former des hommes plus vertueux et plus éclairés, que tout le problême d'une excellente éducation se réduit, premièrement, à fixer pour chacun des états différents où la fortune nous place l'espece d'objets et d'idées dont on doit charger la mémoire des jeunes gens, et, secondement, à déterminer les moyens les plus sûrs pour allumer en eux la passion de la gloire et de l'estime.

Ces deux problêmes résolus, il est certain que les grands hommes, qui maintenant sont l'ouvrage d'un concours aveugle de circonstances, deviendroient l'ouvrage du législateur; et qu'en laissant moins à faire au hasard, une excellente éducation pourroit dans les grands empires infiniment multiplier et les talents et les vertus.

FIN DU TOME SIXIEME.

TABLE SOMMAIRE.

TOME PREMIER,
DISCOURS Ier.

De l'Esprit en lui-même.

L'objet de ce discours est de prouver que la sensibilité physique et la mémoire sont les causes productrices de toutes nos idées, et que tous nos faux jugements sont l'effet ou de nos passions ou de notre ignorance.

Chap. I.   Page 189
   Exposition des principes.

Chap. II. *Des erreurs occasionnées par nos passions,*   218

Chap. III. *De l'ignorance,*   224
   On prouve dans ce chapitre que la seconde

source de nos erreurs consiste dans l'ignorance des faits de la comparaison desquels dépend en chaque genre la justesse de nos décisions.

CHAP. IV. *De l'abus des mots*, 261
Quelques exemples des erreurs occasionnées par l'ignorance de la vraie signification des mots.

Il résulte de ce discours que c'est dans nos passions et notre ignorance que sont les sources de nos erreurs; que tous nos faux jugements sont l'effet des causes accidentelles, qui ne supposent point dans l'esprit une faculté de juger distincte de la faculté de sentir.

TOME II.

DISCOURS II.

De l'Esprit par rapport à la société.

On se propose de prouver dans ce

discours que le même intérêt qui préside au jugement que nous portons sur les actions, et nous les fait regarder comme vertueuses, vicieuses, ou permises, selon qu'elles sont utiles, nuisibles, ou indifférentes, au public, préside pareillement au jugement que nous portons sur les idées; et qu'ainsi, tant en matiere de morale que d'esprit, c'est l'intérêt seul qui dicte tous nos jugements : vérité dont on ne peut appercevoir toute l'étendue qu'en considérant la probité et l'esprit relativement, 1°. à un particulier, 2°. à une petite société, 3°. à une nation, 4°. aux différents siecles et aux différents pays, et 5°. à l'univers.

CHAP. I. 1
Idée générale.

CHAP. II. *De la probité par rapport à un particulier*, 12

CHAP. III. *De l'esprit par rapport à un particulier,* 24

On prouve par les faits que nous n'estimons dans les autres que les idées que nous avons intérêt d'estimer.

CHAP. IV. *De la nécessité où nous sommes de n'estimer que nous dans les autres,* 41

On prouve encore dans ce chapitre que nous sommes, par la paresse et la vanité, toujours forcés de proportionner notre estime pour les idées d'autrui à l'analogie et à la conformité que ces idées ont avec les nôtres.

CHAP. V. *De la probité par rapport à une société particuliere,* 64

L'objet de ce chapitre est de montrer que les sociétés particulieres ne donnent le nom d'honnêtes qu'aux actions qui leur sont utiles : or, l'intérêt de ces sociétés se trouvant souvent opposé à l'intérêt public, elles doivent souvent donner le nom d'honnêtes à des actions réellement nuisibles au public; elles doivent donc, par l'éloge de ces actions, souvent séduire la probité des plus honnêtes gens, et les détourner à leur insu du chemin de la vertu.

Chap. VI. *Des moyens de s'assurer de la vertu,* 73

On indique en ce chapitre comment on peut repousser les insinuations des sociétés particulieres, résister à leurs séductions, et conserver une vertu inébranlable au choc de mille intérêts particuliers.

Chap. VII. *De l'esprit par rapport aux sociétés particulieres,* 87

On fait voir que les sociétés pesent à la même balance le mérite des idées et des actions des hommes. Or, l'intérêt de ces sociétés n'étant pas toujours conforme à l'intérêt général, on sent qu'elles doivent en conséquence porter sur les mêmes objets des jugemens très différents de ceux du public.

Chap. VIII. *De la différence des jugements du public et de ceux des sociétés particulieres,* 105

Conséquemment à la différence qui se trouve entre l'intérêt du public et celui des sociétés particulieres, on prouve dans ce chapitre que ces sociétés doivent attacher une grande estime à ce qu'on appelle le bon ton et le bel usage.

CHAP. IX. *Du bon ton et du bel usage*, 119

Le public ne peut avoir pour ce bon ton et ce bel usage la même estime que les sociétés particulieres.

CHAP. X. *Pourquoi l'homme admiré du public n'est pas toujours estimé des gens du monde*, 140

On prouve qu'à cet égard la différence des jugements du public et des sociétés particulieres tient à la différence de leurs intérêts.

CHAP. XI. *De la probité par rapport au public*, 158

En conséquence des principes ci-devant établis, on fait voir que l'intérêt général préside au jugement que le public porte sur les actions des hommes.

CHAP. XII. *De l'esprit par rapport au public*, 161

Il s'agit de prouver dans ce chapitre que l'estime du public pour les idées des hommes est toujours proportionnée à l'intérêt qu'il a de les estimer.

CHAP. XIII. *De la probité par rapport aux siecles et aux peuples divers*, 185

L'objet qu'on se propose dans ce chapitre, c'est de montrer que les peuples divers n'ont, dans tous les siecles et dans tous les pays, jamais accordé le nom de vertueuses qu'aux actions ou qui étoient, ou du moins qu'ils croyoient, utiles au public. C'est pour jeter plus de jour sur cette matiere qu'on distingue dans ce même chapitre deux différentes especes de vertus.

CHAP. XIV. *Des vertus de préjugé, et des vraies vertus*, 204

On entend ici par vertus de préjugé celles dont l'exacte observation ne contribue en rien au bonheur public, et par vraies vertus celles dont la pratique assure la félicité des peuples. Conséquemment à ces deux différentes especes de vertus, on distingue dans ce même chapitre deux différentes especes de corruptions de mœurs ;

l'une religieuse, et l'autre politique : connoissance propre à répandre de nouvelles lumieres sur la science de la morale.

CHAP. XV. *De quelle utilité peut être à la morale la connoissance des principes établis dans les chapitres précédents*, 236

L'objet de ce chapitre est de prouver que c'est de la législation meilleure ou moins bonne que dépendent les vices ou les vertus des peuples ; et que la plupart des moralistes, dans la peinture qu'ils font des vices, paroissent moins inspirés par l'amour du bien public que par des intérêts personnels ou des haines particulieres.

CHAP. XVI. *Des moralistes hypocrites*, 251

Développement des principes précédents.

CHAP. XVII. *Des avantages qui résultent des principes ci-dessus établis*, 260

Ces principes donnent aux particuliers, aux peuples, et même aux législateurs, des idées plus nettes de la vertu, facilitent les réformes dans les lois, nous apprennent que la science de la morale n'est autre chose que la science même de la législation, et nous fournissent enfin les moyens de rendre les peuples plus heureux, et les empires plus durables.

CHAP. XVIII. *De l'esprit considéré par rapport aux siecles et aux pays divers,* 280

Exposition de ce qu'on examine dans les chapitres suivants.

TOME III.

CHAP. XIX. *L'estime pour les différents genres d'esprit est, dans chaque siecle, proportionnée à l'intérêt qu'on a de les estimer,* 1

CHAP. XX. *De l'esprit considéré par rapport aux différents pays,* 48

Il s'agit, conformément au plan de ce discours, de montrer que l'intérêt est chez tous les peuples le dispensateur de l'estime accordée aux idées des hommes; et que les nations, toujours fideles à l'intérêt de leur vanité, n'estiment dans les autres nations que les idées analogues aux leurs.

Chap. XXI. *Le mépris respectif des nations tient à l'intérêt de leur vanité,* 70

Après avoir prouvé que les nations méprisent dans les autres les mœurs, les coutumes, et les usages différents des leurs, on ajoute que leur vanité leur fait encore regarder comme un don de la nature la supériorité que quelques unes d'entre elles ont sur les autres; supériorité qu'elles ne doivent qu'à la constitution politique de leur état.

Chap. XXII. *Pourquoi les nations mettent au rang des dons de la nature les qualités qu'elles ne doivent qu'à la forme de leur gouvernement,* 87

On fait voir dans ce chapitre que la vanité commande aux nations comme aux particuliers; que tout obéit à la loi de l'intérêt; et que, si les nations, conséquemment à cet intérêt, n'ont point pour la morale l'estime qu'elles devroient avoir pour cette science, c'est que la morale, encore au berceau, semble n'avoir jusqu'à présent été d'aucune utilité à l'univers.

Chap. XXIII. *Des causes qui jusqu'à présent ont retardé les progrès de la morale,* 99

Chap. XXIV. *Des moyens de perfectionner la morale,* 113

Chap. XXV. *De la probité par rapport à l'univers,* 142

Chap. XXVI. *De l'esprit par rapport à l'univers,* 147

L'objet de ce chapitre est de montrer qu'il est des idées utiles à l'univers, et que les idées de cette espece sont les seules qui puissent nous faire obtenir l'estime des nations.

La conclusion générale de ce discours, c'est que l'intérêt, ainsi qu'on s'étoit proposé de le prouver, est l'unique dispensateur de l'estime et du mépris attachés aux actions et aux idées des hommes.

DISCOURS III.

Si l'esprit doit être considéré comme un don de la nature ou comme un effet de l'éducation.

Pour résoudre ce problême on recherche dans ce discours si la nature a doué les hommes d'une égale aptitude à l'esprit, ou si elle a plus favorisé les uns que les autres ; et l'on examine si tous les hommes communément bien organisés n'auroient pas en eux la puissance physique de s'élever aux plus hautes idées, lorsqu'ils ont des motifs suffisants pour surmonter la peine de l'application.

CHAP. I. 163

On fait voir dans ce chapitre que, si la nature a donné aux divers hommes d'inégales dispositions à l'esprit, c'est en douant les uns, préférablement aux autres, d'un peu plus de finesse de sens, d'étendue de mémoire, et de capacité d'attention. La question réduite à ce point simple, on examine dans les chapitres suivants quelle influence a sur l'esprit des hommes la différence qu'à cet égard la nature a pu mettre entre eux.

CHAP. II. *De la finesse des sens*, 176

CHAP. III. *De l'étendue de la mémoire*, 183

CHAP. IV. *De l'inégale capacité d'attention*, 206

On prouve dans ce chapitre que la nature a doué tous les hommes communément bien organisés du degré d'attention nécessaire pour s'élever aux plus hautes idées. On observe ensuite que l'attention est une fatigue et une peine à laquelle on se soustrait toujours si l'on n'est animé d'une passion propre à changer cette peine en plaisir; qu'ainsi la question se réduit à savoir si tous les hommes sont par leur nature susceptibles de passions assez fortes pour les douer du degré d'attention auquel est attachée la supériorité de l'esprit. C'est pour parvenir à cette connoissance qu'on examine dans le chapitre suivant quelles sont les forces qui nous meuvent.

CHAP. V. *Des forces qui agissent sur notre ame,* 247

Ces forces se réduisent à deux ; l'une qui nous est communiquée par des passions fortes, et l'autre par la haine de l'ennui. Ce sont des effets de cette derniere force qu'on examine dans ce chapitre.

CHAP. VI. *De la puissance des passions,* 263

On prouve que ce sont les passions qui nous portent aux actions héroïques, et nous élevent aux plus grandes idées.

TOME IV.

CHAP. VII. *De la supériorité d'esprit des gens passionnés sur les gens sensés,* 1

CHAP. VIII. *On devient stupide dès qu'on cesse d'être passionné,* 22

Après avoir prouvé que ce sont les passions

qui nous arrachent à la paresse ou à l'inertie, et qui nous douent de cette continuité d'attention nécessaire pour s'élever aux plus hautes idées, il faut ensuite examiner si tous les hommes sont susceptibles de passions, et du degré de passion propre à nous douer de cette espece d'attention. Pour le découvrir il faut remonter jusqu'à leur origine.

Chap. IX. *De l'origine des passions*, 37

L'objet de ce chapitre est de faire voir que toutes nos passions prennent leur source dans l'amour du plaisir ou dans la crainte de la douleur, et par conséquent dans la sensibilité physique. On choisit pour exemples en ce genre les passions qui paroissent les plus indépendantes de cette sensibilité, c'est-à-dire l'avarice, l'ambition, l'orgueil, et l'amitié.

Chap. X. *De l'avarice*, 46

On prouve que cette passion est fondée sur l'amour du plaisir et la crainte de la douleur; et l'on fait voir comment, en allumant en nous la soif des plaisirs, l'avarice peut toujours nous en priver.

CHAP. XI. *De l'ambition*, 54

Application des mêmes principes qui prouvent que les mêmes motifs qui nous font desirer les richesses nous font rechercher les grandeurs.

CHAP. XII. *Si dans la poursuite des grandeurs on ne cherche qu'un moyen de se soustraire à la douleur ou de jouir du plaisir physique, pourquoi le plaisir échappe-t-il si souvent à l'ambitieux?*

70

On répond à cette objection, et l'on prouve qu'à cet égard il en est de l'ambition comme de l'avarice.

CHAP. XIII. *De l'orgueil*, 84

L'objet de ce chapitre est de montrer qu'on ne desire d'être estimable que pour être estimé, et qu'on ne desire d'être estimé que pour jouir des avantages que l'estime procure; avantages qui se réduisent toujours à des plaisirs physiques.

CHAP. XIV. *De l'amitié*, 97

Autre application des mêmes principes.

Chap. XV. *Que la crainte des peines ou le desir des plaisirs physiques peuvent allumer en nous toutes sortes de passions,* 124

Après avoir prouvé dans les chapitres précédents que toutes nos passions tirent leur origine de la sensibilité physique; pour confirmer cette vérité, on prouve dans ce chapitre que par le secours des plaisirs physiques les législateurs peuvent allumer dans les cœurs toutes sortes de passions. Mais en convenant que tous les hommes sont susceptibles de passions, comme on pourroit supposer qu'ils ne sont pas du moins susceptibles du degré de passion nécessaire pour les élever aux plus hautes idées, et qu'on pourroit apporter en exemple de cette opinion l'insensibilité de certaines nations aux passions de la gloire et de la vertu; on prouve que l'indifférence de certaines nations à cet égard ne tient qu'à des causes accidentelles, telles que la forme différente des gouvernements.

Chap. XVI. *A quelle cause on doit attribuer l'indifférence de certains peuples pour la vertu*, 138

Pour résoudre cette question, on examine dans chaque homme le mélange de ses vices et de ses vertus, le jeu de ses passions, l'idée qu'on doit attacher au mot VERTUEUX ; et l'on découvre que ce n'est point à la nature, mais à la législation particuliere de quelques empires, qu'on doit attribuer l'indifférence de certains peuples pour la vertu. C'est pour jeter plus de jour sur cette matiere que l'on considere en particulier et les gouvernements despotiques, et les états libres, et enfin les différents effets que doit produire la forme différente de ces gouvernements. L'on commence par le despotisme; et, pour en mieux connoître la nature, on examine quel motif allume dans l'homme le desir effréné du pouvoir arbitraire.

CHAP. XVII. *Du desir que tous les hommes ont d'être despotes, des moyens qu'ils emploient pour y parvenir, et du danger auquel le despotisme expose les rois,* 163

Chap. XVIII. *Principaux effets du despotisme*, 179

On prouve dans ce chapitre que les visirs n'ont aucun intérêt de s'instruire ni de supporter la censure; que ces visirs, tirés du corps des citoyens, n'ont, en entrant en place, aucuns principes de justice et d'administration, et qu'ils ne peuvent se former des idées nettes de la vertu.

Chap. XIX. *Le mépris et l'avilissement où sont les peuples entretiennent l'igorance des visirs; second effet du despotisme*, 193

Chap. XX. *Du mépris de la vertu, et de la fausse estime qu'on affecte pour elle; troisieme effet du despotisme*, 202

On prouve que dans les empires despotiques on n'a réellement que du mépris pour la vertu, et qu'on n'en honore que le nom.

Chap. XXI. *Du renversement des empires soumis au pouvoir arbi-*

traire ; quatrieme effet du despotisme, 215

Après avoir montré dans l'abrutissement et la bassesse de la plupart des peuples soumis au pouvoir arbitraire la cause du renversement des empires despotiques, l'on conclut de ce qu'on a dit sur cette matiere que c'est uniquement de la forme particuliere des gouvernements que dépend l'indifférence de certains peuples pour la vertu ; et, pour ne laisser rien à desirer sur ce sujet, l'on examine dans les chapitres suivants la cause des effets contraires.

CHAP. XXII. *De l'amour de certains peuples pour la gloire et la vertu,* 225

On fait voir dans ce chapitre que cet amour pour la gloire et pour la vertu dépend dans chaque empire de l'adresse avec laquelle le législateur y unit l'intérêt particulier à l'intérêt général ; union plus facile à faire dans certains pays que dans d'autres.

CHAP. XXIII. *Que les nations pauvres ont toujours été plus avides de gloire et plus fécondes en grands hommes que les nations opulentes*, 236

On prouve dans ce chapitre que la production des grands hommes est dans tout pays l'effet nécessaire des récompenses qu'on y assigne aux grands talents et aux grandes vertus ; et que les talents et les vertus ne sont nulle part aussi récompensés que dans les républiques pauvres et guerrieres.

CHAP. XXIV. *Preuve de cette vérité*, 246

Ce chapitre ne contient que la preuve de la proposition énoncée dans le chapitre précédent. On en tire cette conclusion ; c'est qu'on peut appliquer à toute espece de passions ce qu'on dit dans ce même chapitre de l'amour ou de l'indifférence de certains peuples pour la gloire et pour la vertu : d'où l'on conclut que ce n'est point à la nature qu'on doit attribuer ce degré inégal de passions dont certains peuples paroissent susceptibles. On confirme cette vérité en prouvant dans les chapitres suivants que la force des passions des hommes est toujours proportionnée à la force des moyens employés pour les exciter.

SOMMAIRE.

CHAP. XXV. *Du rapport exact entre la force des passions et la grandeur des récompenses qu'on leur propose pour objet,* 255

Après avoir fait voir l'exactitude de ce rapport, on examine à quel degré de vivacité on peut porter l'enthousiasme des passions.

TOME V.

CHAP. XXVI. *De quel degré de passion les hommes sont susceptibles,* 1

On prouve dans ce chapitre que les passions peuvent s'exalter en nous jusqu'à l'incroyable; et que tous les hommes par conséquent sont susceptibles d'un degré de passion plus que suffisant pour les faire triompher de leur paresse et les douer de la continuité d'attention à laquelle est attachée la supériorité d'esprit; qu'ainsi la grande inégalité d'esprit qu'on apperçoit entre les hommes dépend et de la différente éducation qu'ils reçoivent, et de l'enchaînement inconnu des diverses circonstances dans lesquelles ils se trouvent placés. Dans les chapitres suivants on examine si les faits se rapportent aux principes.

CHAP. XXVII. *Du rapport des faits avec les principes ci-dessus établis,* 16

Le premier objet de ce chapitre est de montrer que les nombreuses circonstances dont le concours est absolument nécessaire pour former des hommes illustres, se trouvent si rarement réunies, qu'en supposant dans tous les hommes d'égales dispositions à l'esprit, les génies du premier ordre seroient encore aussi rares qu'ils le sont. On prouve de plus dans ce même chapitre que c'est uniquement dans le moral qu'on doit chercher la véritable cause de l'inégalité des esprits; qu'en vain on voudroit l'attribuer à la différente température des climats; et qu'en vain l'on essaieroit d'expliquer par le physique une infinité de phénomenes politiques qui s'expliquent très naturellement par les causes morales. Telles sont les conquêtes des peuples du nord, l'esclavage des orientaux, le génie allégorique de ces mêmes peuples, et enfin la supériorité de certaines nations dans certains genres de sciences ou d'arts.

CHAP. XXVIII. *Des conquêtes des peuples du nord*, 26

Il s'agit dans ce chapitre de faire voir que c'est uniquement aux causes morales qu'on doit attribuer les conquêtes des Septentrionaux.

CHAP. XXIX. *De l'esclavage et du génie allégorique des Orientaux*, 48

Application des mêmes principes.

CHAP. XXX. *De la supériorité que certains peuples ont eue dans divers genres de sciences*, 69

Les peuples qui se sont le plus illustrés par les arts et les sciences sont les peuples chez lesquels ces mêmes arts et ces mêmes sciences ont été le plus honorés : ce n'est donc point dans la différente température des climats, mais dans les causes morales, qu'on doit chercher la cause de l'inégalité des esprits.

La conclusion générale de ce discours, c'est que tous les hommes communément bien organisés ont en eux la puissance physique de s'élever aux plus hautes idées, et que la différence d'esprit qu'on remarque entre eux dépend des diverses circonstances dans lesquelles ils se trouvent placés, et de l'éducation différente qu'ils reçoivent. Cette conclusion fait sentir toute l'importance de l'éducation.

DISCOURS IV.
Des différents noms donnés à l'esprit.

Pour donner une connoissance exacte de l'esprit et de sa nature, on se propose dans ce discours d'attacher des idées nettes aux divers noms donnés à l'esprit.

Chap. I. *Du génie*, 99
Chap. II. *De l'imagination et du sentiment*, 122

Chap. III. *De l'esprit,* 157

Chap. IV. *De l'esprit fin, de l'esprit fort,* 165

Chap. V. *De l'esprit de lumiere, de l'esprit étendu, de l'esprit pénétrant, et du goût,* 200

Chap. VI. *Du bel esprit,* 219

Chap. VII. *De l'esprit du siecle,* 234

TOME VI.

Chap. VIII. *De l'esprit juste,* 1

On prouve dans ce chapitre que dans les questions compliquées il ne suffit pas pour bien voir d'avoir l'esprit juste; qu'il faudroit encore l'avoir étendu ; qu'en général les hommes sont sujets à s'enorgueillir de la justesse de leur esprit, à donner à cette justesse la préférence sur le génie ; qu'en conséquence ils se disent supérieurs aux gens à talents; croient dans cet aveu simplement se rendre justice ; et ne s'apperçoivent point qu'ils sont entraînés à cette erreur par une méprise de sentiment commune à presque tous les hommes ; méprise dont il est sans doute utile de faire appercevoir les causes.

Chap. IX. *Méprise de sentiment*, 22

Ce chapitre n'est proprement que l'exposition des deux chapitres suivants. On y montre seulement combien il est difficile de se connoître soi-même.

Chap. X. *Combien l'on est sujet à se méprendre sur les motifs qui nous déterminent,* 23.

Développement du chapitre précédent.

Chap. XI. *Des conseils,* 50

Il s'agit d'examiner dans ce chapitre pourquoi l'on est si prodigue de conseils, si aveugle sur les motifs qui nous déterminent à les donner, et dans quelles erreurs enfin l'ignorance où nous sommes de nous-mêmes à cet égard peut quelquefois précipiter les autres. On indique à la fin de ce chapitre quelques uns des moyens propres à nous faciliter la connoissance de nous-mêmes.

Chap. XII. *Du bon sens,* 72
Chap. XIII. *Esprit de conduite,* 81

Chap. XIV. *Des qualités exclusives de l'esprit et de l'ame*, 104

Après avoir essayé dans les chapitres précédents d'attacher des idées nettes à la plupart des noms donnés à l'esprit, il est utile de connoître quels sont et les talents de l'esprit qui de leur nature doivent réciproquement s'exclure, et les talents que des habitudes contraires rendent pour ainsi dire inalliables. C'est l'objet qu'on se propose d'examiner dans ce chapitre et dans le chapitre suivant, où l'on s'applique plus particulièrement à faire sentir toute l'injustice dont le public use à cet égard envers les hommes de génie.

Chap. XV. *De l'injustice du public à cet égard*, 132

On ne s'arrête dans ce chapitre à considérer les qualités qui doivent s'exclure réciproquement que pour éclairer les hommes sur les moyens de tirer le meilleur parti possible de leur esprit.

Chap. XVI. *Méthode pour découvrir le genre d'étude auquel on est le plus propre*, 161

Cette méthode indiquée, il semble que le plan d'une excellente éducation devroit être la conclusion nécessaire de cet ouvrage : mais ce plan d'éducation, peut-être facile à tracer, seroit, comme on le verra dans le chapitre suivant, d'une exécution très difficile.

CHAP. XVII. *De l'éducation*, 181

On prouve dans ce chapitre qu'il seroit sans doute très utile de perfectionner l'éducation publique ; mais qu'il n'est rien de plus difficile ; que nos mœurs actuelles s'opposent en ce genre à toute espece de réforme ; que, dans les empires vastes et puissants, on n'a pas toujours un besoin urgent de grands hommes ; qu'en conséquence le gouvernement ne peut arrêter long-temps ses regards sur cette partie de l'administration. On observe cependant à cet égard que, dans les états monarchiques, tels que le nôtre, il ne seroit pas impossible de donner le plan d'une excellente éducation ; mais que cette entreprise seroit absolument vaine dans des empires soumis au despotisme, tels que ceux de l'orient.

Fin de la table sommaire.

www.ingramcontent.com/pod-product-compliance
Lightning Source LLC
Chambersburg PA
CBHW071937160426
43198CB00011B/1437